Familien-Reiseführer

HARZ

COMPANIONS

Harz

Naturidylle für Klein und Groß: der Harz und seine Umgebung

Der Harz für Eltern und Kinder

Kinderfreundliche See- und Freibäder

Zehn Touren, die allen Spaß machen

Die tollsten Attraktionen für Kinder

Einfach überragend: ein Besuch im Miniaturenpark Kleiner Harz

Gut zu wissen

Stolzer Wanderer nach dem Aufstieg auf den Aussichtsturm!

Was Sie wissen sollten

Diese Zeichen und Symbole begleiten Sie durch das ganze Buch und geben Ihnen besondere Informationen:

Die Mini-Karte vom Harz mit dem dicken roten, grünen oder blauen Punkt zeigt Ihnen auf einen Blick, an welchem Ort sich die jeweilige Adresse befindet.

Infos zur Region oder spezielle Empfehlungen für die Eltern gibt's in den grünen Kästen.

In den orangefarbenen Kästen stehen tolle Tipps oder Geschichten für Kinder.

Regionale kulinarische Genüsse oder ein Restaurant, in dem auch Ihre Kinder auf ihre Kosten kommen, finden Sie in den blauen Kästen.

Unsere Autorin Kirsten Wagner kennt den Harz seit ihrer frühen Kindheit, als sie mit ihren Eltern viele Urlaube hier verbrachte. Nach dem Studium der Germanistik und Romanistik in Göttingen zog sie nach Braunschweig. Von dort aus erkundet sie seitdem mit ihren drei Kindern den Harz. Sie arbeitet heute als freie Buchautorin und Online-Redakteurin. Im Familien-Reiseführer zeigt sie Eltern und Kindern, wo und was sich wie lohnt im Harz.

DER HARZ FÜR ELTERN UND KINDER

Den Harz entdecken

Sie möchten den Familienurlaub in den Bergen verbringen? Warum dann nicht im Harz? In maximal drei Stunden erreichen Sie Deutschlands nördlichstes Mittelgebirge aus allen Himmelsrichtungen, nur ganz aus dem Süden benötigen Sie ein wenig länger. Die kurze Anfahrt spricht also schon für sich! Viel zu bieten hat der Harz auch, und das nicht nur für Wanderfreunde und Wintersportler. Die Angebote für Eltern und Kinder wurden in den letzten Jahren ausgebaut und erneuert, hinzu kommen spezifische Attraktionen, nach denen Sie in vielen Gegenden vergeblich suchen. Dazu gehören die zahlreichen Bergwerksmuseen, die Märchenparks, die Seilbahnen, die Tropfsteinhöhlen und Wild-Beobachtungsmöglichkeiten. Eine Fahrt mit der Schmalspurbahn, baden im klaren Bergsee und ein Besuch auf dem höchsten Gipfel, dem Brocken – all das macht auch Kindern im Urlaub Spaß. Neben althergebrachten Zielen wurden ganz neue geschaffen wie das HöhlenErlebnisZentrum bei Bad Grund, das ZisterzienserMuseum in Walkenried oder der Miniaturenpark „Kleiner Harz" in Wernigerode.

Die Landschaft im Harz prägen viele seltene Tier- und Pflanzenarten

Landschaften und Klima

Sieht man sich den Harz auf einer topografischen Karte an, sieht er aus wie ein Schuh, der mitten in Deutschland liegt und dessen Spitze schräg links nach oben zeigt.
Das am höchsten liegende Gebiet ist rund um den 1141 Meter hohen Brocken zu finden. Auch dessen Nebengipfel, die Heinrichshöhe und der Königsberg, überschreiten die 1.000-Meter-Marke. Im Nordwesten liegt der Oberharz zwischen Clausthal-Zellerfeld und Braunlage. Während die Berge hier bis zu 800 Meter hoch sind, erreichen sie im östlichen Unterharz rund 400 Meter. Sanft läuft das Gebirge dort ins flachere Mansfelder Land aus. Auch im Südharz wirkt die Landschaft milder als

Leuchtender Frosch

Bergleute haben eine ganz eigene Sprache entwickelt, der auch Urlauber begegnen. Bei einem Besuch im Bergwerksmuseum wird man nämlich mit einem „Glück auf!“ begrüßt – „Guten Tag“ kennt der Bergmann nicht. Selbst wenn es dann zu Fuß in den Berg hineingeht, man „fährt ein“. „Fahrten“ heißen auch die Leitern, über die die Bergleute früher den Schacht hinunterkletterten. Das Öllämpchen, das Licht in der Dunkelheit spendete, ist ein „Frosch“, während die Lore zum Erztransport „Hunt“ genannt wird.

im raueren Oberharz. Ihr Gesicht wird von einer besonderen Geländeform, dem sogenannten Karst, geprägt. Regenwasser löste hier das Gestein, vor allem Gips und Dolomit, unterirdisch auf. So bildeten sich kleine und große Höhlen und unterirdisch fließende Gewässer. Auf diese Weise entstehen auch Erdfälle, von denen man allein im Landkreis Osterode 10.000 gezählt hat. So wie die Landschaft im Harz ganz unterschiedliche Züge aufweist, so unterscheidet sich auch das Klima. Im Oberharz und rund um das Brockenmassiv fallen vergleichsweise mehr Niederschläge, die in der kalten Jahreszeit für eine weiße Pracht sorgen und insbesondere Wintersportfreunde glücklich machen. Mehr Sonne bekommen der Südharz und der Unterharz ab, denn sie liegen an der dem Wind abgewandten Seite des Gebirges.

Grenzland

Dass 40 Jahre lang die deutsch-deutsche Grenze mitten durch den Harz verlief, ist heute auf den ersten Blick nicht mehr zu erkennen. Stünden nicht an manchen Straßen Hinweisschilder auf den einstigen Grenzverlauf, würde man nicht merken, dass man soeben über dem früheren Todesstreifen gefahren ist. Schaute man hingegen aus dem All auf den Harz, könnte man vielleicht das grüne Band erkennen, das sich von Norden nach Süden schlängelt. Denn an der einstigen Grenze konnten sich wertvolle Biotope erhalten, in denen heute seltene Tier- und Pflanzenarten leben.

Der Schatz der Erde

Nicht nur die jüngere Geschichte hat das Aussehen des Harzes geformt, auch und

Wilde Orchideen

Orchideen im Harz? Auch wenn man das nicht vermutet, so ist doch der Bestand der schönen Blumen im Harz recht groß. Mehr als 30 Arten, viele davon vom Aussterben bedroht, wachsen vor allem im südlichen Harzgebiet. Der Karst bietet ihnen hier einen optimalen Lebensraum. Vielleicht sehen Sie ja auf einer Ihrer Wanderungen das Gefleckte Knabenkraut, den Bienenragwurz oder den Frauenschuh – einige der prächtigsten wild wachsenden Orchideenarten Europas! Vor allem am Rand der Buchenwälder sind sie zu finden.

gerade die länger zurückliegende Vergangenheit hat das Gesicht des Harzes geprägt. Seit man im Mittelalter das Erz entdeckt hatte, versuchte man, den wertvollen Schatz der Erde zu entlocken. Der ursprüngliche Mischwald wurde gerodet, denn man brauchte Holz für den Ausbau der Bergwerke. Für die Erzaufbereitung wiederum war Holzkohle nötig. Auch dafür fällte man Bäume. Ersetzt wurden die Buchen und Eschen durch schnell wachsende Fichten, deren gerade Stämme einen hohen industriellen Nutzwert haben. Außerdem haben Fichtenstämme den Vorteil, dass sie vor dem Brechen knacken und so den Bergmann warnen. Bis heute prägen die dunkelgrünen Nadelbäume das Gesicht des Oberharzes. Ebenfalls ein Relikt des Bergbaus sind die unzähligen Teiche und Gräben. Mit ihrer Hilfe wurden die Kehr- und Kunsträder angetrieben. Kehrräder konnten durch zwei gegenläufige Schaufelkränze in beide Richtungen bewegt werden. So wurden zum Beispiel Erztonnen den Schacht hinauf- und hinabgelassen. Ein Kunstrad hingegen wandelte die Rundbewegung in eine Hin- und Herbewegung um, mit der Wasser abgepumpt oder eine Fahrkunst in Betrieb gesetzt wurde. Dafür benötigte man also viel Wasser.

Ring der Erinnerung

Bis 1989 lag der kleine Ort Sorge direkt an der innerdeutschen Grenze. Von ihrer Unmenschlichkeit legt ein kleines Grenzmuseum Zeugnis ab. Dort wurden der Sicherungszaun, die Hundelauftrasse und ein Beobachtungsturm erhalten. Ein Stück weiter mahnt der „Ring der Erinnerung" ebenfalls an diese Zeit. Der Künstler Hermann Prigann entwarf einen Kreis aus abgestorbenen Baumstämmen mit vier Zugängen aus allen Himmelsrichtungen.

Wild!

Zwei Wildtierbeobachtungsstationen hat man im Harz eingerichtet. Dort können mit ein bisschen Geduld Rehe, Füchse oder Dachse gesichtet werden. Praktisch ist ein Fernglas, außerdem sind warme Kleidung, ein Sitzkissen, eine Taschenlampe und eventuell Mückenschutz zu empfehlen. Die eine Station befindet sich im Odertal bei St. Andreasberg, die andere am Molkenhaus bei Bad Harzburg.

Das Wasserregal

Die vielen Gräben, Teiche und Tunnel bilden rund um Clausthal-Zellerfeld und Hahnenklee das Oberharzer Wasserregal. Dieses einzigartige System ist ein bedeutendes technisches Denkmal, das seit 2010 zum UNESCO-Weltkulturerbe zählt. Es wurde im 16. Jahrhundert errichtet und immer weiter ausgebaut. Der Oderteich, der Rehberger Graben und der Sperberhaier Damm gehören z. B. zu der Anlage. Nach der historischen Wasserwirtschaft wurde mit dem Bau von Talsperren der Grundstein für die moderne Nutzung gelegt. Die Sperren dienen dem Schutz vor Hochwasser, insbesondere zur Zeit der Schneeschmelze im Frühling, aber auch zur Stromerzeugung. Außerdem gewinnt man in einigen Stauseen wie z. B. in der Oker- oder der Granetalsperre Trinkwasser. Den größten Speicherraum besitzt die Rappbodetalsperre. Für Touristen wie für die Einheimischen bildet die Wasserlandschaft mit all ihren Facetten ein beliebtes Naherholungsgebiet.

Der Natur auf der Spur

Wer im Harz Urlaub macht, erhält vielfältige Möglichkeiten, die Natur zu genießen und kennenzulernen. Über Flora und Fauna informieren die Nationalparkhäuser, die außerdem ein buntes Programm mit Führungen und Wanderungen anbieten (siehe S. 57, 94, 107). Ein ganz besonderes Erlebnis nicht nur für Kinder ist eine Wildfütterung, an der man an mehreren Orten teilnehmen kann. Wenn eine Rotte Wildschweine sich auf die Lichtung stürzt oder ein Hirsch vorsichtig vom Waldrand herüberspäht, ehe er sich herauswagt, dann sind das einzigartige Momente, die den Urlaub unvergesslich machen. Luchse und Auerhühner lassen sich in Gehegen in Bad Harzburg und Lonau beobachten. Mehrere Pfade laden ebenfalls ein, sich mit dem Wald und seinen Bewohnern auseinanderzusetzen. Gerade in den letzten Jahren hat man einige davon neu eingerichtet, zum Beispiel den Wildnispfad bei Altenau, den WaldWandelWeg Torfhaus, den Borkenkäferpfad in Ilsenburg oder den Urwaldstieg am Brocken (siehe S. 34).

Auf zahlreichen Wildnispfaden können Wanderer die Harzer Natur kennenlernen

Auf dem Monsterroller

Natur erleben und sich dabei bewegen? Auch das gehört zum Harz. Längst haben Trendsportarten Einzug gehalten. Wandern und Wintersport sind nach wie vor beliebt, doch inzwischen wird auch Swingolf gespielt, im Hochseilgarten geklettert oder Monsterroller gefahren. Das macht nicht nur Kindern Spaß, sondern ist für alle Altersgruppen zu empfehlen. Ebenfalls möglich: Wassersport! An mehreren Talsperren können Sie Boote leihen und rudernd oder tretend den See erobern. Im Sommer erfrischt ein Bad im See, das ganze Jahr über laden mehrere Erlebnisbäder zum Planschen ein. Im Winter werden dann die Rodelbahnen bevölkert, und es geht die Abfahrtshänge hinab.

Der bronzene „Nagelkopf" schmückt den Platz vor dem Goslarer Rathaus

Kunst unter freiem Himmel

Moderne Kunst und Harz passen nicht zusammen? Das ist ein Irrtum! Insbesondere Goslar ist eine Stadt der Kunst, wie beim Gang durch die Straßen unschwer zu erkennen ist. Moderne Skulpturen von herausragenden Künstlern schmücken die Stadt, z. B. Henry Moores „Goslarer Krieger" hinter der Kaiserpfalz, Rainer Kriesters „Nagelkopf" am Markt oder Otmar Alts „Jongleur" auf dem Jakobikirchhof. Jedes Jahr wird der internationale Kunstpreis „Kaiserring" an einen zeitgenössischen Künstler verliehen. Bedeutende Objekte sind im Mönchehaus zu sehen, im Frühling finden die Tage der Kleinkunst statt.
Auch im Oberharz ist Kunst ein Thema. So lädt alljährlich die Ausstellung „Natur – Mensch" nach St. Andreasberg ein, dazu gibt es ein vielfältiges Begleitprogramm. Wer sich mehr für ältere Kunst interessiert, kann auf der Straße der Romanik von Halberstadt bis zur Burg Falkenstein an zahlreichen Stationen haltmachen (siehe S. 90).
Vielfalt also ist Trumpf im Harz. Kultur und Natur, Entspannung und Bewegung bieten für alle etwas. Und vielleicht fragen dann auch Ihre Kinder: Fahren wir nächstes Jahr wieder in den Harz?

Was Eltern wissen sollten

Der Harz bietet Familien viel Platz. Hotels, Ferienwohnungen, Reiter- und Bauernhöfe sowie Jugendherbergen sind in großer Zahl und in unterschiedlichen Preisklassen im Angebot. Eine Auswahl an besonders familienfreundlichen Unterkünften finden Sie im Kapitel „Gut zu wissen“ (siehe S. 109). Einige von ihnen bieten spezielle Aktivitäten für Familien an wie z. B. Streichelzoos, Spielplätze und -zimmer oder Erlebnisbäder. Haben Sie sich schon für einen Ort entschieden, können Sie auch auf der Seite des Tourismusverbandes (www.harzinfo.de) recherchieren oder direkt bei der Tourist-Information nachfragen. Ob Zubehör wie Kinderbetten oder Hochstühle in der gewählten Unterkunft vorhanden sind, sollten Sie am besten im Vorfeld abklären.

Fakten rund um den Harz

In seiner größten Ausdehnung von West nach Ost erstreckt sich der Harz über 110 Kilometer Länge, von Nord nach Süd sind es je nach Standort 30 bis 40 Kilometer. Niedersachsen und Sachsen-Anhalt teilen sich den Hauptanteil, im Südosten grenzt Thüringen an. Im Westen liegen die Landkreise Goslar und Osterode mit den Autokennzeichen GS und OHA, im Osten der neu gebildete Landkreis Harz (HZ) und der Landkreis Nordhausen (NDH).

Felsformationen laden zum Rätseln ein: Welche Kreatur stellen sie wohl dar?

Unliebsame Krabbler

Wer im Harz Urlaub mit Kindern macht, verbringt gewöhnlich nicht nur Zeit in Städten, sondern auch im Wald. Der Harz ist zwar kein Verbreitungsgebiet für die Frühsommer-Meningoenzephalitis (Gehirnhautentzündung), wohl aber für Borreliose. Um sich vor der Übertragung durch Zecken zu schützen, sollte man beim Wandern lange Hosen tragen. Die Wege sollten möglichst nicht verlassen werden, denn Zecken lauern vor allem im Unterholz, auf Gräsern und in Büschen. Hilfreich können spezielle Mittel sein, die auch gegen Mücken helfen. Nach dem Aufenthalt im Wald sollte der Körper nach den Krabblern abgesucht werden. Ein nicht ungefährlicher Parasit ist der Fuchsbandwurm. Dass man sich durch den Verzehr von bodennahen Beeren aus dem Wald anstecken kann, ist zwar wissenschaftlich nicht nachgewiesen, doch Vorsichtsmaßnahmen wie das Waschen der Früchte vor dem Essen sollten besser beachtet werden.

Verhalten im Wald

Grundsätzlich ist es außerhalb der Schutzgebiete erlaubt, Beeren und Pilze zu sammeln. Dabei sollte der Eigenbedarf aber nicht überschritten werden. Manche Pflanzen stehen unter Naturschutz und dürfen nicht gepflückt werden. Dazu gehören z. B. alle einheimischen wilden Orchideen. Für das generelle Verhalten im Wald gelten natürlich die üblichen Regeln. Auch Kinder sollten ihren Müll nicht zwischen Bäumen entsorgen, und natürlich darf man nicht einfach ein Feuer entzünden. Das Rauchen ist zwischen März und Oktober nicht erlaubt, im Nationalpark schon ab Mitte Februar. Innerhalb des Nationalparks Harz gilt das Wegegebot, außerdem darf nichts aus dem Wald entfernt werden. Pilze, Beeren und Blumen sollen hier genauso wenig mitgenommen werden wie Tannenzapfen oder Zweige.

In den Bergen

Auch wenn der Harz nicht ganz mit den Alpen mithalten kann, was die Höhe betrifft, so befindet man sich doch in den Bergen. Auch hier kann das Wetter schnell mal umschlagen. Nicht nur bei einer Wanderung zum Brocken sollte man warme Kleidung und Regenschutz im Gepäck haben. Feste Schuhe eignen sich besser als Sandalen, insbesondere wenn man auf schmalen Kammwegen wie der Teufelsmauer entlangwandert. In Wanderkarten sind Schutzhütten ver-

Alten Legenden nach ist der Brocken ein beliebter Hexen-Treffpunkt

Ein lästiger Bewohner

Der Borkenkäfer macht den großen Fichten im Harz arg zu schaffen. Er legt seine Eier in der Rinde ab, wo die Larven Gänge hineinfressen, die den Baum schwächen und absterben lassen. Während normalerweise nur alte oder schwache Bäume befallen werden, haben im Harz die unnatürlichen, einförmigen Fichten-Bestände für eine erhöhte Anfälligkeit gegenüber Sturm gesorgt, was wiederum dem „Buchdrucker" Tür und Tor öffnet.

zeichnet, die bei plötzlich einsetzendem Gewitter oder Sturm Unterschlupf bieten. Doch auch vor zu viel Sonne sollte man sich und besonders kleinere Kinder schützen. Auf den Wegen und auf Lichtungen kann es in der Höhe schnell zu einem Sonnenbrand kommen.

Wasser- und Luftqualität

Viele Orte im Harz gelten dank guter Luftqualität als Kurorte. Heilklimatische Kurorte sind z. B. St. Andreasberg, Altenau, Braunlage und Hohegeiß. Staatlich anerkannte Heilbäder sind Bad Harzburg, Bad Lauterberg, Bad Sachsa, Bad Grund und Bad Suderode. Auch die Qualität der Badegewässer ist durchgehend als gut bis sehr gut zu bezeichnen. Mehrmals im Sommer werden Proben entnommen, deren Ergebnisse unter www.sachsen-anhalt.de bzw. www.apps.nlga.niedersachsen.de/eu/batlas einzusehen sind. Beim Schwimmen im See sollte man auf kleinere Kinder natürlich besonders achtgeben, denn Strömungen können genauso vorkommen wie störender Bewuchs von Wasserpflanzen. Dafür ist hier absolut chlorfreies Planschen in einer erholsamen Umgebung garantiert.

Unterwegs

Der Verkehr ist meistens moderat im Harz – wenn nicht gerade eine Schönwetterperiode angebrochen ist oder aber Schnee das Vorankommen insgesamt verlangsamt. Dann muss vor allem auf den Straßen in Richtung Oberharz mit erheblichem Verkehrsaufkommen, Staus und Parkplatzproblemen gerechnet werden. Wer zum Skifahren oder Rodeln will, sollte darum möglichst früh losfahren. Winterreifen gehören natürlich zur Pflichtausrüstung, auch Schneeketten sind bei Schneefall sinnvoll.

An heißen Sommertagen sind besonders viele Motorradfahrer unterwegs. An beliebten Plätzen wie in dem Ort Torfhaus kann es dann auch zu Engpässen auf dem Parkplatz kommen. Kurvige Straßen zwingen des Öfteren zum langsamen Fahren. Genießen Sie also die schöne Harzer Landschaft, und lassen Sie die Hektik zu Hause! Besser gelingt das vielleicht, wenn Sie sich von der Schmalspurbahn kutschieren lassen! Zumindest im sachsen-anhaltinischen Teil ist das möglich. Im ganzen Harz können Sie aber auch das gut ausgebaute Busnetz nutzen und sich zurücklehnen. Die meisten Linien verkehren mindestens im Ein- bis Zweistundentakt. Im Sommer werden einige Sonderlinien eingesetzt wie der „Bodetaler" zwischen Treseburg und Thale oder der „Ilsetaler" von Wernigerode bis nach Drei-Annen-Hohne.

Essen & Trinken

Die typische Harzer Küche ist in ihren Ursprüngen geprägt von der Bergbaukultur der Region. Die hart arbeitenden Bergleute, Köhler und Waldarbeiter benötigten kräftige Nahrung. Fleisch und Kartoffeln lieferten die nötigen Proteine und Kohlenhydrate, z. B. in „Hackus und Knieste“. Halbe Kartoffeln, die Knieste, werden dafür im Ofen gebacken, dazu wird ein Kloß aus gewürztem Mett gereicht. Zu Kartoffelsalat, aber auch zu Grünkohl passt die Harzer Schmorwurst. Die geräucherte und gebrühte Wurst kann auch kalt auf Brot gegessen werden. Das gilt natürlich auch für den Harzer Käse, der unter diesem Namen in ganz Deutschland erhältlich ist, ursprünglich aber aus dem nördlichen Harzvorland bei Vienenburg stammt. Manchmal wird der Sauermilchkäse auch Harzer Roller genannt, denn seine Form ähnelt einer kleinen Rolle. Eine Spezialität aus Stolberg sind die Stolberger Lerchen. Die dünnen, würzigen Bratwürste sollen beim Braten wie Lerchen singen.
Eine bergmännische Tradition ist das Tscherperessen. Der Tscherper ist ein kurzes Messer, mit gerader, starker Klinge, das der Bergmann immer bei sich zu führen hatte und das ihm sowohl bei der Arbeit zum Schneiden diente als auch bei den Mahlzeiten. Zu dem rustikalen Tscherperessen auf Holzbrettchen gehören Brot sowie Hausschlachtewurst, Käse, Schmalz und Gurken. Einige Bergwerksmuseen bieten Tscherperessen für Gruppen an, etwa im Büchenberg oder in Lautenhals Glück. Rezepte von harztypischen Gerichten finden Sie unter www.harzer.koeche.harz.de.

Windbeutelparadies

Ob der Windbeutel tatsächlich im Harz erfunden wurde, ist nicht geklärt. Fest steht jedoch, dass es im Harz die tollsten Kreationen aus dem Brandteig gibt. Besonders viele Varianten bietet das **Windbeutelparadies**. *Mit Ausblick auf den Okerstausee lassen sie sich auf der großen Terrasse verspeisen, mit Sahne gefüllt, mit Eis, Kirschen, Heidelbeeren oder auch mit geräuchertem Lachs. Gemkenthal 1, 38707 Altenau, Tel. 05328-17 13, holste@windbeutelparadies.de, www.windbeutelparadies.de, April-Okt tgl. 10.30-18.30 Uhr, außer Do (Ruhetag), Dez-März Mi-So 10.30-18.30 Uhr.*

Fleisch und Fisch

Vor allem in den letzten Jahren hat man sich auch im touristischen Bereich wieder auf die regionalen Besonderheiten besonnen. Die Harzer Wälder geben Reh, Hirsch und Wildschwein her. Daraus lassen sich nicht nur leckere Salami und Mettwurst herstellen, sondern auch Wildschweinbraten, Hirschgulasch oder Rehrücken. Frisch gefangen kommt die Harzer Bachforelle auf den Teller. Der rot getupfte Fisch lebt in klaren und schnell fließenden Gewässern wie der Bode. Einige Fischgaststätten besitzen eigene Teiche, in denen vor allem Regenbogenforellen gezüchtet werden. Das Harzer Rote Höhenvieh, eine vom Aussterben bedrohte Rinderrasse, wird seit mehreren Jahren wieder auf die Weiden getrieben. In Wildemann im Oberharz oder in Düna bei Osterode kann man die Tiere mit dem rotbraunen Fell sehen. Aus ihrem Fleisch wird z. B. ein feines Ragout oder ein Rumpsteak kreiert. Auch Ziegen werden im Harz gehalten, etwa auf der Ziegenalm in Sophienhof oder auf dem Ziegenhof in Buntenbock. Sie liefern Fleisch und Milch. Aus letzterer wird Ziegenkäse oder sogar Ziegenmilcheis hergestellt.

Slow Food

Die Slow-Food-Bewegung, in Italien als Initiative für genussvolles und regionales Essen gegründet, ist auch im Harz zu Hause. Ihre Mitglieder legen Wert auf die Erhaltung der regionalen Geschmacksvielfalt, eine artgerechte Tierhaltung und eine gepflegte Kultur des Genusses. Zu den Harzer Mitgliedern gehören das „Landhaus Kemper" in Buntenbock, das Hotel „Rathaus" in Wildemann, das „Rodelhaus" in Braunlage und das „Polsterberger Hubhaus" in Clausthal-Zellerfeld. Dort kann man Lammkoteletts vom Harzer Zicklein, gebratenen Ziegenfrischkäse auf Blattsalaten oder Hirtenteller mit Wurst und Käse vom Roten Höhenvieh bestellen.

Im Wald und in der Stadt

Meist in herrlicher Lage mitten in der Natur liegen die Waldgaststätten. Nicht immer darf man dort kulinarische Höhenflüge erwarten, doch auch eine Erbsensuppe mit Bockwurst, ein Fuhrmannsbrot oder Schnitzel mit Pommes schmecken, besonders nach einer Wanderung. Mit seiner Erbsensuppe erlangte „Kukki" nach der Wende eine gewisse Berühmtheit. Noch heute erhalten Sie den in der Gulaschkanone gekochten Eintopf in den Feldküchen am Bahnhof von Drei-Annen-Hohne und an der Straße zwischen Braunlage und Elend.

In den größeren Städten finden sich Restaurants aller Richtungen, Pizzerien genauso wie Imbisse und griechische oder chinesische Lokale. Wer gehoben speisen möchte, findet inzwischen eine große Auswahl hochwertiger Restaurants. Ein mehrgängiges französisches Menü lässt sich etwa in der Zorger „Kleinen Kommode" zelebrieren, im „Gothischen Haus" in Wernigerode fühlen sich Gourmets in der Bohlenstube wohl, in der „Tanne" in Braunlage verfeinert der Küchenchef Harzer Gerichte besonders kunstvoll. Nicht zu vergessen die „Rothe Forelle" in Ilsenburg, die Sachsen-Anhalt würdig mit einem Michelin-Stern vertritt. Falls in einem der genannten Restaurants Fichtennadelparfait auf der Karte stehen sollte, sollten Sie nicht zögern, zu diesem Dessert zu greifen.

Harzer Käse wird aus Sauermilch oder Quark hergestellt und ist fettarm

Für Süßschnäbel

Nachmittags kehrt man gerne ins Café ein, auch da ist die Bandbreite groß. Das typische Westharzer Gebäck ist wohl der Windbeutel, der hier außergewöhnlich groß und manchmal gar in Schwanenform daherkommt. Gefüllt wird er nicht nur mit Sahne, sondern auch mit Früchten und manchmal sogar mit deftigen Zutaten wie geräuchertem Lachs. Österreichische Kuchenkreationen gibt es im „Café Wien", das sich genauso wie das „Café Friedrich" in Wernigerode befindet. Letzteres ist berühmt für seine Baumkuchen-Variationen, freitags und samstags kann man zuschauen, wie der Teig immer wieder auf den so entstehenden „Baumstamm" aufgetragen wird. Frisch gerösteten Kaffee zu selbst gebackenen Torten bietet man im „Café Schnibbe" in Bad Lauterberg, bei „Samocca" in Quedlinburg und bei „Löper" in Halberstadt an. Im „Barock-Café Anders" in Goslar sind Pralinen aus eigener Konditorei erhältlich. Sie tragen so schöne Namen wie Rammelsberger Erzbrocken, Hexenkehricht oder Goslarer Zapfen. In Schulenberg sitzt man nicht nur schön hoch über der Okertalsperre, sondern kann im „Café Muhs" auch das Okertaler Keimkornbrot kaufen. In Stolberg produziert die Backwarenfabrik „Friwi" mit angeschlossenem Café Gebäck wie Kekse, Lebkuchen und Waffeln.

Wein aus dem Harz

Als Weinanbaugebiet ist der Harz nicht bekannt. Tatsächlich ist das Klima im Nordosten bei Quedlinburg aber so mild, dass hier Wein gedeiht. Auf dem Weingut Kirmann wird seit 1995 gekeltert. Riesling, Müller-Thurgau und Weißburgunder sind nur einige der Rebsorten, die im Angebot sind. Nach Voranmeldung können Sie zur Weinprobe und Kellerei-Besichtigung kommen. ***Weingut Kirmann****, Gartenstr. 523, 06484 Westerhausen, Tel. 03946-70 14 66, harzer-weingut@t-online.de, www.harzer-weingut.de.*

Gegen den Durst

Köstliches Wasser löscht am besten den Durst, und das kommt hier direkt aus der Gegend: das Harzer Grauhof- Mineralwasser. Wer lieber zu einem Bier greift, ist mit Hasseröder gut bedient, das im gleichnamigen Wernigeroder Stadtteil hergestellt wird. Weniger bekannte Biere sind die Gose aus Goslar oder das Lübbe-Bräu aus Quedlinburg. Nach üppigem Essen tut auch mal ein Schnaps gut. Am bekanntesten ist der Schierker Feuerstein, wie das Harzer Grubenlicht ein Kräuterlikör. Aus Nordhausen kommt der Nordhäuser Doppelkorn.

Wenn Sie sich in Ihrem Appartement selbst versorgen, macht es Ihnen vielleicht Spaß, nicht nur im Supermarkt einzukaufen, sondern auch auf dem Wochenmarkt. Unter www.direktvermarkter-lsa.de finden Sie eine Übersicht. Besonders umfangreich ist das Angebot auf dem Bauernmarkt in Derenburg (Sa 8-13 Uhr) und auf dem Oberharzer Bergbauernmarkt (Mai-Okt Do 18-22 Uhr), der sogar abends und mit Musik zum Bummel einlädt.

KINDERFREUNDLICHE SEE- UND FREIBÄDER

Freibad Aquantic in Goslar

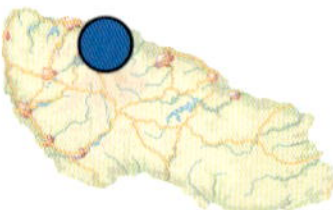

Neben einem ganzjährig geöffneten Hallenbad besitzt der Aquantic Schwimmpark am Osterfeld in Goslar auch ein wunderschönes Freibad. Zwischen Mai und September tauchen große und kleine Wasserratten hier gerne ab. Da alle vier Becken beheizt sind, macht das Baden sogar bei nicht ganz so heißem Sommerwetter Vergnügen. Das Sportbecken misst 50 Meter und ist somit bestens geeignet für alle, die ihre Ausdauer verbessern, Kraulen üben oder lange Strecken tauchen wollen. Aus 1, 3 oder 5 Metern Höhe hüpfen Wagemutige ins separate Sprungbecken hinein. Rutschend geht es ins Nichtschwimmerbecken, das mit 660 Quadratmetern Wasserfläche reichlich Platz bietet. Die Jüngsten zieht es ins Planschbecken, wo sie erste Erfahrungen im nassen Element sammeln. Fröhlich krähend erobern sie hier ihre Minirutsche und lassen sich vom Clown nass spritzen.

Das Freibad Aquantic bietet viel Platz zum Picknicken und Ausruhen

Spielterrain und Hallenbad

An Land geht der Spaß weiter. Spielgeräte und vor allem der Matschspielplatz sind Anziehungspunkte für die Kinder. Auf der großzügigen Liegewiese entspannen die Großen – je nach Vorliebe – in der Sonne oder im Schatten. Snacks, Getränke, Eis und Süßes für Naschkatzen hat das Bistro im Angebot, sodass kein Gast während des Badetags Hunger oder Durst leiden muss.

Ist das Wetter doch mal eher ungemütlich, kann – bis auf eine vierwöchige Schließzeit – im Hallenbad weiter geschwommen werden. Hier gibt es ein 25-Meter-Becken mit acht Bahnen, ein Multifunktionsbecken mit Massagedüsen und Gegenstromanlage sowie einen Planschbereich mit kleiner Rutsche.

Osterfeld 11, 38640 Goslar, Tel. 05321-75 82-33, info@aquantic.de, www.aqauntic.de. Freibad Mai-Sep Mo-Fr 6-20, Sa 7-20, So 8-20 Uhr, Erw. € 3,50, Kinder (3-16 J.) € 2,50.

Wölfi-Bad

Im Wölfi-Bad in Wolfshagen kommen kleine und große Wasserratten auf ihre Kosten. Das Terrain liegt idyllisch in einem Tal am Waldrand und erstreckt sich über eine Fläche von 15.000 Quadratmetern. Während die Großen noch den Blick auf die bewaldeten Hänge über dem Borbergsbachtal genießen, rutschen die Kinder schon fröhlich ins erfrischende Nass. Mit Vergnügen hüpfen sie vom Sprungturm aus 1, 3 oder 5 Metern Höhe ins Wasser, planschen im Minibecken oder tauchen im Nichtschwimmerbereich. Die aufblasbare Doppelschaukel muss natürlich auch noch erklommen werden! Das 50-Meter-Becken bietet auf sechs Bahnen auch Sportskanonen genügend Raum, zum Brustschwimmen, Kraulen oder Delfin-Üben. Minigolf, Beachvolleyball und Tischtennis kann in den Badepausen gespielt werden. Klettergerüst, Rutsche und Riesen-Trampoline bieten weitere Abwechslung für die Kleinen. Badespaß und Bewegung machen hungrig, deshalb ist natürlich auch ein Imbiss vorhanden.Und wenn es anfängt zu regnen? Kein Problem im Wölfi-Bad! Der Bürgerverein bietet nämlich kostenloses Basteln im Aufenthaltsraum an.

Noch zwei Bahnen schwimmen, und dann geht's auf die Doppelschaukel!

Erlesen speisen

Im Restaurant Im Tannengrund gleich neben dem Freibad lassen sich nach dem Baden „Kleinholz" (Pommes rot-weiß) oder ein Beerenteller (Reisbrei mit Waldfrüchten) verspeisen. Die Großen mögen die Tannengrundpfanne mit kleinen Steaks, Bratkartoffeln und Gemüse oder ein Zanderfilet. Hotelgäste erhalten freien Eintritt ins Freibad!
***Restaurant Im Tannengrund**, Am Borbergsbach 80, 38685 Wolfshagen, Tel. 05326-99 80, www.hotel-im-tannengrund.de.*

Am Borbergsbach 83, 38685 Wolfshagen, Tel. 05326-99 80 (Hotel Im Tannengrund), www.woelfi-bad.de, Mitte Mai-Mitte Sep tgl. 11-19, Sa, So, Ferien 10-19 Uhr, Erw. € 2,50, Kinder (4-16 J.) € 1,25.
***Anfahrt:** B82 von Goslar, Ausfahrt Wolfshagen, im Ort links auf „Die Meine".*

Waldseebad Kuttelbacher Teich in Hahnenklee

Der Kuttelbacher Teich bei Hahnenklee wurde schon im 17. Jahrhundert angelegt – natürlich im Zuge des Bergbaus wie so viele Teiche im Oberharz. Man staute das Wasser mit einem zwölf Meter hohen Damm, auf dem heute die Straße verläuft. Es diente dann dazu, die Wasserräder in den Bockswieser Bergwerken anzutreiben. Insgesamt hat der Kuttelbacher Teich ein Fassungsvermögen von 163.000 Kubikmetern.

Schwimmen im Waldsee ist immer ein besonderes Vergnügen. Kein Chlor verursacht rote Augen, und die Natur ringsum trägt zur Entspannung bei. Das gilt auch für den Kuttelbacher Teich. Im klaren Wasser lässt es sich herrlich baden, tauchen und auf der Luftmatratze treiben. Wer sich auf dem Wasser fortbewegen möchte, kann im Tretboot seine Beinmuskeln fordern. Auch ein Ruderboot, ein Kanu und ein Hydrobike – Dreirad fürs Wasser – sind im Verleih. Der Spielplatz am Ufer wird von Ihren Kindern bestimmt erstürmt, denn mit seiner Ritterburg bietet er unendlich viele Möglichkeiten, seine Fantasie auszuleben. Außerdem gibt es eine Schaukel, eine Rutsche und einen Sandkasten. Am Kiosk sind Snacks, Eis und Getränke erhältlich. Die können Sie nicht nur auf Ihrem Handtuch zu sich nehmen, sondern auch auf der Terrasse mit Seeblick sitzend. Wer dem ganzen Treiben nur zuschauen möchte, ohne selbst zu baden, kann im Café Seeperle Platz nehmen. Die runde Front lässt weite Blicke zu, bei denen Windbeutel und Torten besonders gut schmecken.

Moment mal, ist da eben ein Fisch hochgesprungen?

Hahnenkleer Str., 38644 Hahnenklee, KFG Goslar-Hahnenklee Tel. 0174-480 35 34, Tel. 0160-92 95 83 68 (Café Seeperle), info@hahnenklee.de, www.hahnenklee.de, Saison tgl. 10-18 Uhr, Erw. € 2,50, Kinder ab 6 J. € 1,50, Tretboot € 5, Ruderboot, Kanu, Dreirad € 3 jeweils für 30 Min.
Anfahrt: *von Hahnenklee oder Bockswiese Ri. Lautenthal, rechte Seite.*

Bürgerbad Lautenthal

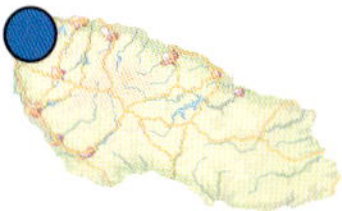

Fast wäre 2006 das Aus gekommen für das kleine, aber feine Freibad in Lautenthal. Zum Glück gründete sich ein Förderverein, der nun dafür sorgt, dass der sommerliche Badespaß in dem Oberharzer Ort weitergeht.
Auf 22 Grad wird das Wasser beheizt. Im Schwimmerbecken stehen 25-Meter-Bahnen zum Kraulen, Brust- und Rückenschwimmen bereit. Das separate Nichtschwimmerbecken misst 20 mal 15 Meter und besitzt eine orangefarbene Rutsche. Im Planschbecken können die kleinsten Besucher ihre ersten Erfahrungen im nassen Element sammeln.
Eine große Liegewiese bietet Sonne wie Schatten. Ein Spielplatz und ein Beachvolleyballfeld laden zu weiteren Aktivitäten ein.
Bei Hunger und Durst hilft der Snackpoint weiter, in dem auch Pommes frites und deftige Bockwurst erhältlich sind.

Am Freibad 3, 38685 Lautenthal, Tel. 05325-54 60 50, info@buergerbad-bergstadt-lautenthal.de, www.buergerbad-bergstadt-lautenthal.de, Mai-Sep tgl. 10-19 Uhr, Erw. € 3, Kinder (4-17 J.) € 1,50, Familien € 7,50.
***Anfahrt:** direkt im Ort, Zufahrt gegenüber vom Bergbaumuseum* *(siehe Seite 53)**, im Kurpark.*

Zwölfarmige Kinderkrake im Freibad

Okerteich Altenau

Bei freiem Eintritt haben Sie im Okerteich in Altenau das Vergnügen, in einem See mitten im Wald zu schwimmen. Ein abgetrenntes Nichtschwimmerbecken ist maximal 1,20 Meter tief, sodass auch kleinere Kinder hier ins Wasser steigen können. Die Badestelle ist allerdings unbewacht, und so ist besondere Vorsicht geboten. Anders als in einem Freibad dürfen Sie dafür hier Ihr Schlauchboot mitbringen und quer über den von Fichtenwäldern umgebenen See schippern. Auf der terrassenförmigen Liegewiese oder einer der Bänke können Sie es sich gemütlich machen, während die Kinder im Sand

Heißer Brocken

Zu kalt für See oder Freibad? Im Heißen Brocken frieren Sie bestimmt nicht. Dort baden Sie in gesunder Thermalsole, schwitzen in der Sauna oder genießen die Wellness-Angebote. ***Kristalltherme Heißer Brocken****, Karl-Reinecke-Weg 35, 38707 Altenau, Tel. 05328-91 15 70, info@kristalltherme-altenau.de, www.kristalltherme-altenau.de, So-Do 9-22, Fr, Sa 9-23 Uhr, 3 Std. Erw. € 11,20, Kinder (6-15 J.) € 7,50, Kinder bis 5 J. € 2,50.*

Der Okerteich ist malerisch im Altenauer Wald gelegen

spielen, rutschen oder klettern. Die kleine Gaststätte ist am Wochenende geöffnet. Sie erhalten hier neben Eis und Kuchen auch Currywurst und Pommes frites. Sogar eine Dusche und Umkleidekabinen sind vorhanden.

Auf zum Harzer-Hexen-Stieg

Ganz in der Nähe beginnt der Harzer-Hexen-Stieg (siehe S. 125). Viele Wanderer kommen nach einem langen Spaziergang durch die Berge und Harzer Wälder hierher, um im Okerteich eine willkommene Erfrischung zu finden. Müden Füßen tut das kühle Nass besonders gut.

Kräuterpark

Wie riechen Salbei, Melisse und Bärlauch? Und wie sehen Estragon und Bohnenkraut aus? Im Kräuterpark dürfen Sie Ihren Sinnen freien Lauf lassen und schnuppern, tasten, schmecken und natürlich schauen! Mehr als 1.000 Kräuter wachsen hier in einer Landschaft mit Steingarten, Teich und Wasserfall. In der Gewürzpagode dürfen Sie zu den Gewürzen aus aller Welt reisen. Sie können beim Schaurösten zuschauen, Tee, Senf und Likör erwerben und sich in der Probierstube umsehen. ***Kräuterpark****, Schultal 11, 38707 Altenau, Tel. 05328-91 16 84, info@kraeuterpark.de, www.kraeuterpark-altenau.de, tgl. 10-18 Uhr, Mitte April-Okt Erw. € 3,50, Kinder bis 12 J. frei, Schüler € 1, im Winter frei.*

Nach ausgiebigem Planschen brauchen Wasserratten dringend Stärkung!

Schon seit 1923 baden hier die Altenauer und ihre Gäste. Angelegt wurde der Teich 1714. Wie die anderen Teiche im Oberharz versorgte er die umliegenden Bergwerke mit Wasser, das die Kehrräder antreiben sollte.

Kleine Oker, 38707 Altenau, Tel. 05328-802-2 (Tourist-Info), info@oberharz.de, www.oberharz.de, Eintritt frei. Gaststätte Ostern bis Okt Fr-So 12-17 Uhr.
Anfahrt: *im Ort B498 Richtung Osterode, links Kleine Oker, dann Ausschilderung folgen.*

Spiegelbad Wildemann

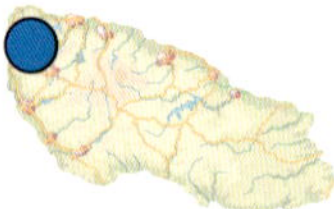

Im idyllischen Spiegeltal liegt das Wildemanner Freibad. In dem familiären kleinen Freibad, das seit 2008 von einem Förderverein betrieben wird, geht es gemütlich zu. Das Nichtschwimmerbecken ist flott auch über die Rutsche zu erreichen, und die Kleinsten besitzen ein eigenes Planschbecken. Beschattet von einem Segel können sie hier nach Herzenslust im Wasser tollen. Ältere Kinder springen in allen erdenklichen Formationen vom 1-Meter-Brett.

In den Badepausen können Sie sich auf der großzügigen Liegewiese in die Sonne legen und Ihre Kinder auf dem Spielplatz toben. Gleich nebenan befindet sich außerdem der Minigolfplatz. Auf den 18 Bahnen kann die ganze Familie ihre Geschicklichkeit und Zielsicherheit unter Beweis stellen.

Kurz kalt abduschen und ab ins Schwimmbecken!

Bergwerk und Bauernhof

Sehenswert in Wildemann sind außerdem das Besucherbergwerk 19-Lachter-Stollen (siehe S. 52) und der Bergbauernhof Klein-Tirol, der sich am Ortsausgang Richtung Lautenthal auf der rechten Seite befindet. Dort züchtet man das Harzer Rote Höhenvieh, eine alte, vom Aussterben bedrohte Haustierrasse.

Im Spiegeltal 52, 38709 Wildemann, Tel. 05323-67 34, info@spiegelbad-wildemann.de, www.spiegelbad-wildemann.de, Ende Mai-Sep Mo-Fr 12-18, Sa, So 11-18 Uhr, Erw. € 3, Kinder (4-17 J.) € 1,50, Familien € 7,50. Minigolf April-Okt tgl. 10-21 Uhr, Erw. € 2, Kinder € 1.

Anfahrt: *im Ort Richtung Kurhaus abbiegen, Straße Im Spiegeltal folgen, rechte Seite.*

Waldfreibad Hohegeiß

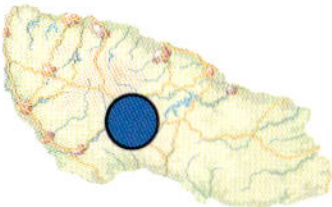

Im idyllischen Bärenbachtal badet man in Hohegeiß im beheizten Freibad. 50 Meter lang ist das Schwimmerbecken, das eine Whirlanlage besitzt und dem eine Sprunganlage angeschlossen ist. Aus einem oder drei Metern Höhe lässt sich hier gestreckt, zusammengerollt oder mit dem Kopf voran ins Wasser eintauchen. Über die rote Rutsche geht es ins Nichtschwimmerbecken. Für die Kleinsten gibt's ein Planschbecken. Die zum nahen Campingplatz gehörende Gaststätte hat schöne Plätze auf dem Balkon zu bieten, während der Kiosk die Gäste direkt am Imbiss und auf einer Terrasse versorgt.

Bärenbachweg 12, 38700 Hohegeiß, Tel. 05583-622 oder -241 (Kurverwaltung), tourist-info@hohegeiss.de, Juni-Aug Mo-Fr 10-20, Sa, So, Ferien 9.30-20 Uhr, Erw. € 2,50, Kinder bis 16 J. € 1,50, Familien € 6, freier Eintritt für Gäste des Campingplatzes. Gaststätte tgl. 9-22 Uhr.
Anfahrt: *B4 von Braunlage, in Hohegeiß Richtung Zorge, Bärenbachweg links bergab.*

Hits für Kids

In den Sommerferien bieten Hohegeiß und Braunlage fast täglich ein ***Kinder-Animationsprogramm*** *mit Tischtennis, Minigolf, Kegeln, Bogenschießen oder Basteln. Eine Übersicht gibt es etwa drei Wochen vor Beginn der Ferien in den Tourist-Informationen. Hohegeiß: Kirchstr. 15a, 38700 Hohengeiß, Tel. 05583-241, tourist-info@hohegeiss.de, www.hohegeiss.de, Braunlage: Elbingeröder Straße 17,38700 Braunlage, Tel. 05520-930 70, tourist-info@braunlage.de*

Ein beheiztes Freibad? Das gibt es im Bärenbachtal in Hohegeiß!

Juessee Herzberg

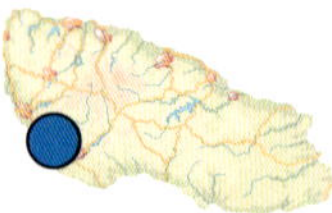

Mitten im Zentrum von Herzberg liegt der Juessee. Er entstand durch zwei Erdfälle und ist etwa sieben Hektar groß. Ein Teil davon ist dem Freibad vorbehalten. Auch ein eigener Abschnitt für Nichtschwimmer wurde abgeteilt. Eine Rutsche und eine Sprunganlage gehören zur Ausstattung. Sonnen kann man sich nicht nur auf der Liegewiese, sondern auch auf dem Steg direkt über dem Wasser.

Alljährlich findet im August das Juesseefest statt. Neben einem umfangreichen Programm für die Erwachsenen gibt es auch ein Kinderfest und eine Papierboot-Regatta. In abenteuerlichen Konstruktionen, die nur aus Papier sein dürfen, wird dann versucht, das Ziel zu erreichen, ohne dass die Boote aufweichen. Infos unter www.juesseefest.de.

Ein Schloss im Juessee?

Dort, wo heute der Juessee liegt, soll der Sage nach einst ein Schloss gestanden haben. Als ein Fremder an die Tür klopfte und um etwas zu essen bat, reichte ihm die hochmütige und hartherzige Gräfin ein Brot mit Schmutz. Da verfluchte der Fremde das Schloss, und es versank mit Mann und Maus im See. An manchen Tagen können Sonntagskinder das Schloss angeblich sehen.

Das Welfenschloss

1510 erbauten die Welfen über Herzberg ein Fachwerkschloss. Heute befinden sich darin ein Restaurant und ein Museum, das über Geschichtliches und über Flora und Fauna des Harzes informiert. Kinder dürfen allerlei ausprobieren. ***Museum Schloss Herzberg****, Schloss 2, 37412 Herzberg, Tel. 05521-47 99, www.museum-schloss-herzberg.de, April-Okt Di-So 10-13, 14-17 Uhr, Nov-März Di-Fr 11-13, 14-16 und Sa, So 11-13 , 14-17 Uhr, Erw. € 2,50, Kinder (6-17 J.) € 2, Familien € 6.*

Juessee, 37412 Herzberg, Tel. 05521-737 20, touristinfo@herzberg.de, www.herzberg-am-harz.de, Mai-Sep tgl. 11-19.30 Uhr, Erw. € 3, Kinder (6-17 J.) € 2, Familien € 8.

Irgendwo im See ist angeblich ein versunkenes Schloss zu entdecken ...

Eine geniale Erfindung: die gute alte Luftmatratze

Waldschwimmbad Scharzfeld

Im Bremketal locken gleich drei Becken zur Sommerzeit ins Wasser. So haben Schwimmer, Nichtschwimmer und kleine Planscher viel Platz. Im beheizten Wasser lässt es sich auch an kühleren Sommertagen wunderbar eintauchen. Ein Sprungbrett und eine Rutsche lassen weitere Möglichkeiten zu, das erfrischende Nass zu erreichen. An Land kann geschaukelt oder im Team Volleyball gespielt werden. Im nahen Blockhaus und dem dazugehörigen Biergarten versorgt man Sie mit Speisen und Getränken (www.bremketal.de).

Bremkestr. 35, 37412 Scharzfeld, Tel. 05521-99 47 00 (Verkehrsverein), touristinfo@herzberg.de, www.herzberg.de, Mai-Sep Mo-Fr 13-19, Sa, So, Ferien 11-19 Uhr, Erw. € 3, Kinder (6-17 J.) € 2, Familien € 8.

Einhornhöhle

In der Karsthöhle lebten schon die Neandertaler, aber auch Bären und Löwen – jedoch kein Einhorn, wie Forscher einst glaubten. In der Blauen Grotte schimmert das Licht wunderschön durch den alten Natureingang. ***Einhornhöhle****, 37412 Scharzfeld, Tel. 05521-99 75 59, mail@einhornhoehle.de, www.einhornhoehle.de, April-Okt Di-So 11-17, in den Weihnachtsferien 11-15 Uhr, Führungen bis 1 Std. vor Schließung, Erw. € 8, Kinder bis 5 J. € 2, Kinder (6-16 J.) € 5.*

Anfahrt: *B27 bis Scharzfeld, von der Harzstraße (Hauptstraße) abbiegen in die Bremkestraße.*

Wiesenbeker Teich Bad Lauterberg

Ein Freibad im See und einen Bootsverleih betreibt der Campingplatz am Wiesenbeker Teich. Kinder haben viel Spaß am Sandstrand, an dem sie buddeln und bauen können. Für die Kleinen gibt es ein separates Planschbecken, die größeren Kinder springen auch gerne auf dem Trampolin. Weit auf den Teich lässt sich mit dem Tretboot oder Ruderboot kommen. Ganz ohne Anstrengung geht das, wenn Sie ein Elektroboot mieten. „Dombrowskys Baude" versorgt Sie bei Hunger und Durst. Auf der sonnigen Terrasse sitzen Sie dabei mit schönem Blick auf den See. Etwa eine Stunde dauert ein Spaziergang rund um den Wiesenbeker Teich.

Das Sandschloss steht schon, jetzt brauchen wir noch einen Wassergraben

Wollen Sie noch mehr von Bad Lauterberg? Mitten im Ort bringt Sie ein Sessellift auf den Hausberg. Dort wartet das **Burgrestaurant** [Sessellift, Schulstraße, Tel. 05524-48 38, April-Okt tgl. 10-19, Nov-März 10.30-18 Uhr, Erw. € 4, Kinder bis 6 J. frei; Burgrestaurant, Hausberg 4, Tel. 05524-21 80, www.berggaststaette-hausberg.de, Di-So 10.30-17 Uhr]. Im Haus des Gastes befindet sich außerdem das **Kinderland- und Spielzeugmuseum** mit vielen Puppen, Baukästen und Bahnen [Ritscherstr. 4, Tel. 05524-920 40, Di-So 14.30-17, Do, Sa, So auch 10.30-12 Uhr, Erw. € 2,20, Kinder € 0,50].

37431 Bad Lauterberg, Tel. 05524-25 10, info@campingwiesenbek.de, www.campingwiesenbek.de, Mitte Mai-Mitte Sep tgl. 10-17 Uhr, Erw. € 2,50, Kinder € 1,50, Familien € 5. Tretboot 30 Min. € 5-6, Elektroboot € 6-7, Ruderboot € 4,50.
***Anfahrt:** B27 bis Bad Lauterberg, im Ort Schanzenstraße Ri. Wiesenbek.*

Scholmzeche

*Im Museumsbergwerk Scholmzeche werden zwei Stollen befahren. Bei der Führung wird der Bergbau früherer Zeiten lebendig. Ein Gerenne, ein Suchschacht, wird ebenso gezeigt wie das Modell eines Kunstrads. **Kurpark** (Wilhelmibrücke), 37431 Bad Lauterberg, Tel. 05524-920 40 (Tourist-Info), info@badlauterberg.de, www.badlauterberg.de, April-Okt Di, Fr, Sa 15 Uhr, Nov-März Fr, Sa 15 Uhr, Erw. € 3, Kinder € 1.*

Priorteich Walkenried

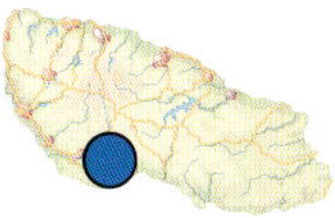

Mehrere Teiche legten die Mönche einst rund um Walkenried an, um Fischzucht zu betreiben. Der Name des Priorteiches deutet noch auf diesen Ursprung hin. Heute aber wird dort geschwommen und geplanscht. Ein eigener Bereich ist für Nichtschwimmer gekennzeichnet. Ein Badesteg führt auf das Wasser hinaus. Er endet mit einem Sprungbrett, über das junge Hüpfer immer wieder gerne ins Wasser gelangen. In den Badepausen können Sie sich am Kiosk versorgen oder die Tierwelt beobachten. Denn Frösche und Schwäne oder andere Wasservögel lassen sich hier genauso gerne blicken wie menschliche Wasserratten.

Bei den Zwergen

Walkenrieds bekannteste Sehenswürdigkeit ist das Zisterzienserkloster (siehe S. 92), doch die Gegend eignet sich auch für schöne Wanderungen. Direkt am Priorteich vorbei führt an dessen Südseite der Wanderweg mit der Kennzeichnung 34M. Über diesen erreichen Sie die Ruine der Sachsenburg. Schon im Jahre 1074 wurde sie zerstört. Dafür ist die Aussicht von hier oben sehr schön! Wenn Sie nun in Richtung Sachsenstein gehen, kommen Sie nach Überqueren der Bahngleise in ein Gebiet, in dem Zwerge wohnen. Zumindest könnte man das meinen, denn die kleinen Höhlen sind hier überall entstanden, weil das Wasser den Gips im Boden ausgelaugt hat. An der Sachseneiche und dem Höllteich entlang erreichen Sie schließlich wieder Walkenried. Insgesamt beträgt die Strecke acht Kilometer.

37445 Walkenried, Tel. 05525-23 24, info@walkenried.de, www.walkenried.de, Juni-Aug tgl. 9-19 Uhr, Erw. € 1,50, Schüler € 0,75, Familien € 3,75. ***Anfahrt:*** *Parkplatz Priorteich an der Straße Bad Sachsa – Walkenried, rechte Seite, Fußweg etwa 400 Meter.*

Wo Mönche früher Fische züchteten, planschen heute gern Meerjungfrauen

Der pinkfarbene, aufblasbare Seestern sorgt im Ludwigsbad für fröhliches Gelächter

Ludwigsbad Ilsenburg

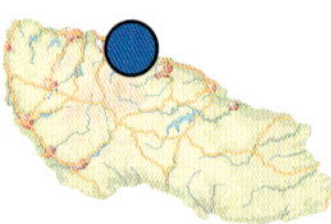

1.200 Quadratmeter stehen für den Badespaß im Ludwigsbad Ilsenburg zur Verfügung! Da kann man nach Herzenslust durchs Wasser kraulen, tauchen und auf dem Rücken paddelnd den sommerlichen Himmel betrachten. Rutschfreunde sausen auf rotem Untergrund ins Nass, während es die Jüngsten ins Planschbecken zieht. Wird der aufblasbare Seestern zu Wasser gelassen, gibt es kein Halten mehr. Auf dem Trockenen wird die Kletterburg erstürmt, Beachvolleyball oder Tischtennis gespielt.

Schickendamm 6, 38871 Ilsenburg, Tel. 039452-84-127 oder 0172-754 75 87, www.ilsenburg-tourismus.de, Mai-Sep tgl. 10-18, Juli, Aug bis 19 Uhr, Erw. € 2,50, Kinder (5-17 J.) € 1,50, Familien € 6.

Klettern mit Erlebnis

Am Eingang zum Ilsetal gibt es seit 2012 einen Kletterwald. Das Besondere: Schon Kleinkinder können hier balancieren und herumturnen – im Kinderparcours (ab 1,10 m Größe) und im Familienparcours (ab 1,40 m Größe). ***Erlebniswald Ilsetal****, Ilsetal 15, 38871 Ilsenburg, Tel. 039452-29 00 15, www.erlebniswald-ilsetal.de, April-Okt 12-18, Sa, So und Juli/Aug tgl. 10-18 Uhr, € 16, Kleinstkinderparcours € 2, Kinderparcours € 8 , nur Kletterwand oder Seilrutsche je € 5.*

Anfahrt: *Harzburger Straße bis Marktplatz, Buchbergstraße, dann links Schickendamm.*

Spaßbad Bodeperle Rübeland

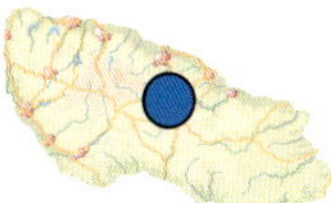

Baden im Höhlenwasser? Das geht im Spaßbad in Rübeland, das den schönen Namen „Bodeperle" trägt. Das Wasser wird aufgefangen und aufbereitet. Durch die zeitgemäße Bauweise des im Jahr 2000 neu eröffneten Bads und die sonnige Lage ist es eines der modernsten und wärmsten Freibäder der Gegend. Das Edelstahlbecken besitzt einen großen Nichtschwimmerbereich mit Schwallpilz, Nackenduschen und breiter Wellenrutsche. Über diese können gleich mehrere Kinder ins Wasser gleiten. Im Kinderbecken mit Springbrunnen und flacher Breitrutsche fühlen sich Ihre Kleinen pudelwohl. Schiffchenkanal und Spielbach sind weitere Attraktionen am Planschbecken. Derweil dürfen Sie mit Blick auf die Harzer Berge die Sonne genießen oder sich auf der Whirlliege mit Bodenblubber räkeln. Ältere Kinder haben ihren Spaß beim Beachvolleyball.

Hauptattraktion in Rübeland sind natürlich die Tropfsteinhöhlen, doch vielleicht lässt sich ein Besuch an einem warmen Tag mit einem Abstecher ins Freibad verbinden. Ebenfalls an der Blankenburger Straße (Nr. 27) finden Sie das **Eiscafé No. 1**, in dem fantasievolle Kreationen wie Steakteller oder Pizzaeis serviert werden. Das köstliche Eis stammt aus eigener Herstellung. Auch Milchshakes und Kuchen stehen zur Auswahl [Tel. 039454-492 52, info@numero-1.de, www.numero-1.de, Sommer und Ferien tgl. 11-18 Uhr].

Blankenburger Str. 6, 38889 Rübeland, Tel. 039454-491 42, info@oberharzbaeder.de, www.oberharzstadt.de, Juni-Aug tgl. 10-18, bei schönem Wetter bis 20 Uhr, Erw. € 3, Kinder (5-16 J.) € 1,50.

***Anfahrt:** B27 bis Rübeland in Richtung Hüttenrode, links am Ortsausgang.*

Whirlliege, Bodenblubber und Schwallpilz finden Sie im Spaßbad „Bodeperle"

Freizeitbad Albertine Harzgerode

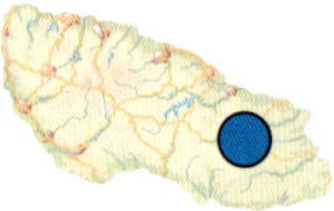

Modernsten Ansprüchen wird das Freizeitbad in Harzgerode gerecht, das auf den schönen Namen Albertine getauft wurde. 25.000 Quadratmeter Fläche stehen Ihnen zur Verfügung. Das Schwimmbecken ist 25 Meter lang und besitzt fünf Bahnen. Gemächlicher geht es im Erlebnisbecken zu, wo Wasserpilz und Gegenstromkanal genauso locken wie Schwallduschen, Bodensprudler und Sprühpoller. Für Kinder besonders attraktiv ist die 65 Meter lange Riesenrutsche, über die in mehreren Windungen platschend das Wasser erreicht wird. Im Planschbecken wartet neben Bodenluftsprudlern das Nashorn Bubu auf kleine Wasserratten.
An Land geht der Spaß weiter. Dort kann man sich nicht nur auf der Liegewiese niederlassen, sondern auch Beachvolleyball spielen oder den Kinderspielplatz aufsuchen. Auf der Minigolfanlage mit 18 Bahnen probiert dann die ganze Familie, das kleine Loch zu treffen. Für das leibliche Wohl sorgt ein Imbiss, von dessen Terrasse man auch das Treiben im Freibad beobachten kann.

Einfach mal Abtauchen im Freizeitbad Albertine

Schatz im Burgbrunnen

Und sonst? Wenn Sie länger in Harzgerode verweilen, besuchen Sie doch das **Schloss**! In dem Renaissancebau, in dem einst die Fürsten von Anhalt lebten, ist eine Kunstguss-Ausstellung zu sehen, außerdem die Heimatstube und der Festsaal mit einem Parkettboden aus 18 heimischen Holzarten [Schlossplatz 1, 06493 Harzgerode, Tel. 039484-421 06, stadtinfo@harzgerode.de, www.harzgerode.de, tgl. 11-16 Uhr, Erw. € 3, Kinder € 0,50]. Nicht nur Harzgerode selbst, sondern auch seine Ortsteile Alexisbad und Mägdesprung sind mit der Selketalbahn erreichbar. Von Mägdesprung führt ein Weg bis zur Selkemühle. Dort können Sie für eine kleine Pause im Café-Restaurant einkehren und zur Burgruine Anhalt wandern. Nach 1,2 Kilometern haben Sie sie erreicht. Im Burgbrunnen soll noch immer ein geheimnisvoller Schatz versteckt sein …

Neudorfer Weg 1a, 06493 Harzgerode, Tel. 039484-410 02, baeder@harzgerode.de, www.harzgerode.de, Mai-Sep tgl. 10-19 Uhr, Erw. € 5, ab 14 Uhr € 4, Kinder (3-14 J.) € 2, ab 13 Uhr € 1, ab 17 Uhr € 0,50, Familien € 12, ab 14 Uhr € 9, Minigolf: Erw. € 2,50, Kinder € 1,50.

ZEHN TOUREN, DIE ALLEN SPASS MACHEN

Tour 1: Auf zum Brocken – dem höchsten Berg im Harz

Brocken – wahlweise über Torfhaus, Ilsenburg, Wernigerode, Drei-Annen-Hohne oder Schierke

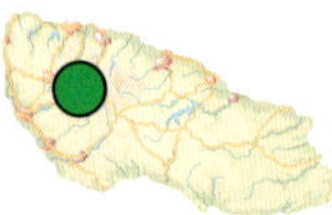

Wo: mitten im Harz – Wie: zu Fuß oder mit der Schmalspurbahn – Dauer: Tagesausflug – Nicht vergessen: Fernglas

Zu einer Harzreise gehört auf jeden Fall ein Besuch auf dem **Brocken**, dem höchsten Berg des Mittelgebirges. Das fanden schon Heinrich Heine und Johann Wolfgang von Goethe. Auf ihren Spuren kommt man noch heute auf den sagenumwobenen Berg.

Manch verträumter Gebirgsbach wird zu einem wallenden Fluss

Großen Dichtern auf der Spur

Acht Kilometer beträgt die bekannteste Strecke von Torfhaus aus auf dem **Goetheweg**. Dabei geht es am Torfmoor und dem Abbegraben entlang aufwärts, am Quitschenberg und dem Eckersprung vorbei [Info: Nationalpark-Besucherzentrum, Torfhaus 38b, 38667 Torfhaus, Tel. 05320-33 17 90, post@torfhaus.info, www.torfhaus.info, Nov-März Di-So 10-16, April-Okt tgl. 9-17 Uhr, Eintritt frei]. Zwölf Kilometer Fußmarsch muss man einplanen, wenn man von Ilsenburg aus auf dem **Heinrich-Heine-Weg** bergan steigt. Diese Strecke ist zwar länger, aber weniger überlaufen und führt durch das idyllische Ilsetal und an den Ilsefällen vorbei. Ob Heine nach seiner Brockenbesteigung 1824 tatsächlich sagte: „Viele Steine, müde Beine, Aussicht keine, Heinrich Heine“, ist nicht zweifelsfrei überliefert. In **Ilsenburg** lockt im Sommer außerdem das **Ludwigsbad** (siehe auch S. 29). Im **Hütten- und Technikmuseum** sind zahlreiche Modelle zu bestaunen, z. B. das einer Sägemühle [Marienhöfer Str. 9b, 38871 Ilsenburg, Tel. 039452-22 22, Di-Sa 13-16 Uhr, Erw. € 2, Kinder € 1]. Am Eingang zum Ilsetal können Sie den Wald aus ganz neuen Perspektiven anschauen: Der **Hochseilgarten** macht es möglich. Es gibt neben drei Parcours – auch schon für Kleinkinder – eine Kletterwand und Seilrutschen (siehe Kasten S. 29). Von **Schierke** aus ist der Brocken über den

Der Brocken in Zahlen

1142 Meter misst der höchste Berg im Norden. Durchschnittlich 306 Tage im Jahr herrscht auf dem Gipfel Nebel, an 230 Tagen regnet es, an 176 Tagen liegt Schnee, 36-mal gibt es ein Gewitter. Ist die Sicht klar, kann man bis zu 200 Kilometer weit in die Ferne schauen. Der heißeste Tag wurde 1992 mit 27,9 Grad verzeichnet, der kälteste 1956 mit -28,4 Grad. Die Durchschnittstemperatur liegt bei 2,9 Grad. Die Kuppe liegt oberhalb der Baumgrenze, das Klima ist alpin.

Eckerlochstieg nach sieben Kilometern zu erreichen. Dabei handelt es sich allerdings um die steilste Variante. Schierke bietet andererseits auch die Möglichkeit, per Kutsche auf den Gipfel zu gelangen. Für die Fahrt müssen Sie allerdings zwei Stunden einplanen. Attraktiv für Kids ist in Schierke der **Brocken-Coaster** am Großparkplatz – eine Sommerrodelbahn [Kurverwaltung Schierke, Brockenstr. 10, 38879 Schierke, Tel. 039455-86 80, info@schierke-am-brocken.de, www.schierke-am-brocken.de, Mo-Fr 9-17 (Saison bis 18), Sa 10-16, So 10-15 Uhr; Brocken Coaster, Hagenstr. 6, 38879 Schierke, Tel. 039455-589 01, Alpine-Coaster-Schierke@ web.de, www.brocken-coaster.de, tgl. 11-18 Uhr, Erw. € 2, Kinder (bis 14 J.) € 1,70].

Volldampf voraus!

Weil die meisten Kinder aber nicht zu den begeisterten Wanderern zählen, können Familien auch die bequemere Variante wählen: eine Fahrt mit der **Harzer Schmalspurbahn** [Harzer Schmalspurbahnen, Friedrichstr. 151, 38855 Wernigerode, Tel. 03943-558-0, info@hsb-wr.de, www.hsb-wr.de, Abfahrten tgl. mehrmals, Rückfahrkarte Erw. € 32, Kinder (6-11 J.) € 16]. Die Fahrt kann sowohl in Wernigerode (100-120 Min. Fahrzeit) als auch in Drei-Annen-Hohne (50 Min.) oder Schierke (30 Min.) angetreten werden, die Kosten sind von allen Ausgangspunkten gleich.

Wer schlecht zu Fuß ist, kann sich von der Dampflok transportieren lassen

Seit 1899 dampfen die Züge auf 1.000 Millimeter Spurbreite den Gipfel hinauf. Eine Zwangspause gab es ab 1961, als der Brocken zur Sperrzone erklärt wurde. Seit 1992 fahren die Züge wieder. In zahlreichen Kehren windet sich die Lokomotive ihren Weg hinauf und stößt dabei immer wieder dicke Dampfwolken aus. Hautnah können Sie die Landschaft auf den Plattformen erleben und dabei den Wanderern zuwinken, die entlang der Schienen bergauf stapfen. Vielleicht sehen Sie auch den berühmten Brocken-Benno. Benno Schmidt aus Wernigerode macht sich fast täglich auf den Weg zu seinem Lieblingsgipfel und war inzwischen mehrere Tausend Mal oben.

Höhenluft macht hungrig

*Auf dem Brocken braucht niemand Hunger oder Durst zu leiden. Dafür sorgen die Brockenwirte Hans und Daniel Steinhoff an jedem Tag des Jahres. In der Baude direkt am Bahnhof, im Touristensaal im Brockenhotel, an mehreren Kiosken und in der Hexenklause im Brockenhaus lassen sich neben der berühmten Erbsensuppe auch Nudeln, Kartoffelpuffer und Schnitzel verspeisen. Wer den Berg einmal menschenleer erleben möchte, kann sich im Brockenhotel gleich für eine ganze Nacht einmieten (DZ ab € 120, Aufbettung Kind € 10). **Brockenwirt**, Brockenplateau, 38879 **Schierke**, Tel. 039455-120, info@brockenwirt.de, www.brockenwirt.de, tgl. Sommer 9-18, Winter 9.30-16.30 Uhr.*

Teufelskanzel und Edelweiß

Auf 1.125 Metern Höhe ist einer der höchstgelegenen Bahnhöfe Deutschlands erreicht. Wohin nun zuerst? Ein Rundgang um das **Brockenplateau** verschafft einen ersten Überblick. Zwei Kilometer beträgt die Strecke, die an markanten Aussichtspunkten und erklärenden Tafeln vorbeiführt. So lassen sich auch Teufelskanzel und Hexenaltar problemlos identifizieren. Wer noch mehr wissen möchte, kann an einer Führung teilnehmen [Nov-April tgl. 12 Uhr ab Brockenhaus, Mai-Okt 11 und 13 Uhr ab Wetterwarte, kostenlos]. Führungen finden auch im **Brockengarten** statt [Mitte Mai-Mitte Okt Mo-Fr 11.30 und 14 Uhr]. 1.800 Pflanzenarten aus den Hochgebirgen aller Welt gedeihen hier prächtig. Neben der Brockenanemone und dem Brockenhabichtskraut finden sich Enzian, Andenpolster, Edelweiß und Mauerpfeffer. 1860

Die Wanderwege auf dem Brocken sind sehr gut ausgeschildert

wurde der Brockengarten angelegt. Der Leiter des Göttinger botanischen Gartens, Dr. Albert Peter, wollte erkunden, welche Alpenpflanzen im Harz auf 1.130 Metern Höhe wachsen. Als der Brocken 1961 zur Sperrzone erklärt wurde, kümmerte sich niemand mehr um die Pflege des Gartens, sodass viele der Pflanzen verschwanden. Nach der Grenzöffnung wurde der Garten wieder neu angepflanzt.

Ritt auf dem Hexenbesen

Neben dem 123 Meter hohen Fernsehturm prägen zwei weitere Gebäude

Hexentanz

In der Walpurgisnacht versammeln sich die Hexen auf dem Brocken, ihrem Blocksberg. So will es der Volksglaube. Schon im 16. Jahrhundert wird der Berg als Ort von Hexentreffen genannt. Mit dem Erscheinen von Goethes Faust 1808 wird dieser Glaube dann richtig populär. Darin heißt es derbe: „Die Hexen zu dem Brocken ziehn, die Stoppel ist gelb, die Saat ist grün. Dort sammelt sich der große Hauf, Herr Urian sitzt obenauf. So geht es über Stein und Stock, es farzt die Hexe, es stinkt der Bock." Zur Walpurgisnacht, in der Nacht zum 1. Mai, wird übrigens auf dem Brocken selbst nicht gefeiert. Dafür ist in vielen anderen Harzorten ordentlich was los, z. B. in Schierke oder in Thale auf dem Hexentanzplatz.

Im Brockengarten sind viele seltene Pflanzenarten zu finden

die typische Brocken-Silhouette, die von vielen Plätzen im Harz sichtbar ist. Beide tragen eine Kuppel. Eines ist das **Brockenhotel**, das andere das **Brockenhaus**. Im Volksmund wurde es einst „Stasi-Moschee" genannt, denn in der Kuppel befanden sich die Abhöranlagen der Staatssicherheit, mit denen man bis zu 100 Kilometer weit in den Westen lauschte. Sie sind noch heute zu sehen, ehe man auf die Terrasse des Brockenhauses tritt, um die Aussicht zu genießen. Doch das Brockenhaus ist heute vor allem ein **Brockenmuseum**, und so gibt es eine

Die aufgestapelten Steine machen den Brocken einen Meter höher

Menge zu erfahren über die Geschichte des Bergs, über Tiere und Pflanzen oder die berühmtesten Besucher. Besonderen Spaß haben Ihre Kinder bei einem Ritt auf dem Hexenbesen über den Harz! Auch Gucklöcher und Auszieh-Schubladen machen neugierig auf das, was sich dahinter verbergen mag. Das **Café Hexenflug** lädt zu einer Pause ein [Brockenhaus, Tel. 039455-500 05, brockenhaus@t-online.de, www.brockenmuseum.de, tgl. 9.30-17 Uhr, Erw. € 4, Kinder (6-16 J.) € 2, Familien € 8,50].

Geschummelte Höhe

Ein beliebter Platz auf dem Brocken ist das **Gipfelrondell**. Eingelassen im Boden sind rundum Tafeln, die die Entfernung zu verschiedenen Orten anzeigen. In der Mitte türmen sich mehrere Felsen – ein heiß umlagerter Platz zum Klettern. An einem Stein wurde die Höhe von 1.142 Metern festgehalten. Denn der Berg selbst ist eigentlich nur 1.141 Meter hoch, wie Nachmessungen ergeben haben. Damit nun aber die in allen Atlanten und Büchern verzeichnete Höhe stimmt, wurden kurzerhand zusätzlich die Felsen hierher gerbracht.
Das älteste Gebäude auf dem Brocken ist das kleine **Wolkenhäuschen**. Es wurde 1736 für 17 Taler erbaut. Der kleine Steinbau geht heute zwischen den hohen Gebäuden fast unter. Aber wagen Sie doch mal einen Schritt hinein. Vielleicht stand schon Goethe genau hier und suchte Unterschlupf vor dem unwirtlichen Wetter. Ab 1777 weilte der Dichter dreimal auf dem Brocken und stellte geologische Studien an. Eine Tafel am Wolkenhäuschen erinnert heute an den hohen Besuch.

Per Dampf quer durch den Harz

Nicht nur zum Brocken fahren die Harzer Schmalspurbahnen. Mit der Selketalbahn kann man von Quedlinburg durch das idyllische Selketal bis Hasselfelde fahren. Die ***Harzquerbahn*** *führt von Wernigerode bis Nordhausen. Mit der HSB-Familien-Card können zwei Erwachsene und drei Kinder bis 11 Jahre für € 81 einen ganzen Tag unterwegs sein. Brockenfahrer sparen mit der BrockenCard, wenn sie innerhalb von sieben Tagen eine weitere Tour unternehmen (Erw. € 42, Kinder € 21).*

Tour 2: Unterwegs im Nordwesten – Goslar und Hahnenklee

Goslar • Hahnenklee

Wo: am nordwestlichen Harzrand und im Oberharz – Wie: mit dem Auto, zu Fuß, mit der Grubenbahn, Sommerrodelbahn und der Seilbahn – Dauer: Tagesausflug – Nicht vergessen: Stadtplan Goslar

Dahin, wo einst Kaiser residierten, soll es heute gehen: nach **Goslar**. Die bekannteste Sehenswürdigkeit ist natürlich die **Kaiserpfalz**, doch die Stadt an der Gose bietet auch für Kinder mehrere interessante Museen und eine Fahrt mit der Bimmelbahn. Ortsteil von Goslar ist das 16 Kilometer entfernte Hahnenklee-Bockswiese. Dort führt der Weg dicht an der nordischen **Stabkirche** vorbei. Eine Wanderung auf dem **Liebesbankweg** lässt so einiges entdecken, darunter einen Wasserspielplatz. Mit der Seilbahn geht es auf den Bocksberg, wo noch eine Sommerrodelbahn auf flotte Fahrer wartet.

Reichtum aus der Erde

Mitte des 11. Jahrhunderts ließ Kaiser Heinrich III. in Goslar eine Pfalz und ihr gegenüber einen Dom erbauen. Schon Heinrich II. hatte Gefallen an dem Ort gefunden. Immerhin hatte man hier Silbererz gefunden, das versprach auch für einen Kaiser Macht und Reichtum.
Der Sage nach war es das Pferd des Ritters Ramm, das vor 1.000 Jahren ungeduldig mit den Hufen scharrte und

Die Kaiserpfalz am Fuße des Rammelsbergs gehört zum UNESCO-Weltkulturerbe

Beim Maltermeister

Vom ältesten Gebäude des Berkwerks Rammelsberg über Tage läutete schon im 13. Jahrhundert eine Glocke zu Schichtbeginn. Später wohnte hier ein Maltermeister. Er verwaltete das Holz, das im Bergbau benötigt wurde. Neben dem Turm können Sie heute mit Blick auf Goslar speisen. ***Maltermeister-Turm****, Rammelsbergstr. 99, 38644* ***Goslar****, Tel. 05321-48 00, info@maltermeister-turm.de, www.maltermeister-turm.de, tgl. ab 11 Uhr.*

so das erste Silber freilegte. Bis 1988 förderte man am Rammelsberg Erz. Seitdem können Sie im **Besucherbergwerk** den Bergbau von den Anfängen bis ins 20. Jahrhundert erleben. Der **Roederstollen**, in den eine der täglich mehrmals angebotenen Führungen geht, ist eigentlich ein Wasserlösungsstollen. Die großen hölzernen Wasserräder beeindrucken genauso wie die Vitriole (Minerale), die hier bunt funkeln. Im Roederstollen werden auch regelmäßig Familienführungen angeboten. Die Termine finden Sie im Veranstaltungskalender auf der Website des Museums. Wie dem Berg das Erz zu späteren Zeiten abgerungen wurde, zeigt die Führung mit der **Grubenbahn**. In den gelben Waggons geht es 500 Meter in den Berg hinein bis zum Untertage-Bahnhof. Welche Rolle hier Bohrmaschine, Schrapper und Sprengstoff spielten, erfahren Sie hautnah, und Sie dürfen auch schon mal selbst Hand anlegen. Wieder im Tageslicht angekommen, sollten Sie den Gang durch die oberirdischen Anlagen nicht versäumen. Sie können den Weg des Erzes in einer multimedialen Ausstellung verfolgen und einen von Christo verpackten „Hunt" bewundern [Besucherbergwerk Rammelsberg, Bergtal 19, 38640 Goslar, Tel. 05321-750-0, info@rammelsberg.de, www.rammelsberg.de, tgl. 9-18 Uhr, letzte Führung 16.30 Uhr, Museum plus Führung Erw. € 13, Kinder (bis 16 J.) € 8, Familien € 25].

Genau wie der gesamte Rammelsberg wurde die Altstadt von Goslar von der UNESCO zum Weltkulturerbe erklärt. Genau dorthin, in die Altstadt, führt Sie nun der weitere Weg. Direkt bei der Kaiserpfalz gibt es einen Parkplatz, auf dem Sie schon auf historischem Boden stehen. Denn genau dort erhob sich einst die Stiftskirche, die aber 1819 abgerissen wurde. Nur die Vorhalle blieb erhalten. Welche Ausmaße die Kirche hatte, ist dennoch zu erahnen, denn ihre Umrisse wurden auf dem Parkplatz markiert. Finden Sie den dunklen Rahmen?

Wo die Kaiser wohnten

Können Sie Ihre Kinder zu einer Stippvisite in der Kaiserpfalz überreden? Vielleicht hilft es zu wissen, dass hier echte Kaiser wohnten und einer sogar sein Herz hier begraben ließ. Das war Heinrich III., der in seiner Regierungszeit 22-mal nach Goslar kam. In einer goldenen Kapsel ruht sein Herz in der Ulrichskapelle. Im großen Sommersaal lassen die Wandgemälde aus dem 19. Jahrhundert die Gründung des neuen Kaiserreichs aufleben. Hermann Wislicenus malte die 67 Bilder zwischen 1879 und 1897. Im darunterliegenden und schon damals beheizbaren Wintersaal berichtet eine Ausstellung über das Wanderkaisertum und zeigt in einer Computeranimation, wie der Dom einst aussah. Die Goslarer Kaiserpfalz ist mit 54 Metern Länge übrigens der größte weltliche Bau der Romanik in Deutschland [Kaiserpfalz, Kaiserbleek 6, 38640 Goslar, Tel. 05321-311 96 93, kaiserpfalz@goslar.de, www.goslar.de, April-Okt tgl. 10-17, Nov-März 10-16 Uhr, Erw. € 7,50, Kinder (6-18 J.) € 4,50].

Goslarer Marktplatz

Der Hohe Weg führt Sie nun direkt ins Zentrum. Geradewegs gelangen Sie zur **Marktkirche**. Von ihrem Nordturm, auf dem einst die Türmer nach Feuer Ausschau hielten, lässt sich Goslar aus der Höhe betrachten (tgl. 11-17 Uhr). Rund um den Marktplatz mit dem Brunnen versammeln sich einige weitere interessante Gebäude. Das gotische **Rathaus** birgt im Inneren eine Nachbildung des Huldigungssaals. In einer multimedialen Präsentation ist alles über ihn zu erfahren (April-Okt, Dez tgl. 11-15, Sa, So bis 16 Uhr, Erw. € 3,50, Kinder € 1,50). Gegenüber steht das **alte Kämmereigebäude**. In seinem Giebel ertönt täglich um 9, 12, 15 und 18 Uhr ein Glockenspiel. Dazu laufen Figuren und erzählen die

Daumenschrauben und Beißkatze

Etwas gruselig geht es im ***Museum des späten Mittelalters*** *zu, aber das ist ja auch spannend! Es befindet sich im Zwinger, der einst zur Befestigung der Stadt gehörte. Folterinstrumente sind genauso zu sehen wie Schwerter und Rüstungen, die kleine Ritter begeistern. Kinder dürfen auch auf der Hillebille schlagen, einen Ritterkampf durchführen und die Steinschleuder beladen. Vom Dach bietet sich ein schöner Blick über* ***Goslar****.*
Thomasstr. 2, Tel. 05321-431 40, info@goslarer-zwinger.de, www.goslarer-zwinger.de, März-Okt Di-So 11-16 Uhr, Erw. € 3, Kinder (4-16 J.) € 2,50, Familien € 10.

Die Bimmelbahn bringt Ihnen die Geschichte Goslars auf bequeme Art näher

Geschichte des Goslarer Bergbaus. Zu erwähnen ist schließlich die **Kaiserworth**. Heute befindet sich in dem ehemaligen Gildehaus der Tuchhändler von 1494 ein Hotel. Acht Kaiserfiguren schmücken den roten Bau seit dem 17. Jahrhundert. An der Ecke zur Worthstraße entledigt sich ein Dukatenmännchen auf seine Weise einiger Münzen ... Auch die **Tourist-Information** finden Sie am Markt. Dort erhalten Sie weitere Infos, Stadtpläne und Souvenirs. Stadtführungen finden täglich um 10 Uhr statt [Goslar Marketing, Markt 7, 38640 Goslar, Tel. 05321-780 60, tourist-information@goslar.de, www.goslar.de, April-Okt Mo-Fr 9.15-18, Sa 9.30-16, So 9.30-14 Uhr, Nov-März Mo-Fr 9.15-17, Sa 9.30-14 Uhr]. Direkt am Marktplatz fährt auch die **Bimmelbahn** ab. Eine Fahrt mit ihr werden auch Ihre Kinder genießen. Ganz bequem lassen sich auf diese Weise die Sehenswürdigkeiten wie die Kaiserpfalz oder das Breite Tor anschauen [Goslarer Bimmelbahn, Tel. 05321-68 64 65, info@goslarer-bimmelbahn.de, www.goslarer bimmelbahn.de, April-Okt, Dez 10.30, 11.15 Uhr, dann stündlich bis 16.15 Uhr, Erw. € 4,50, Kinder (4-12 J.) € 2,50].

Stabkirche und Liebesbänke

Wollen Sie nun noch ein wenig Natur genießen? Dann machen Sie sich auf nach **Hahnenklee** [Tourist-Information Hahnenklee, Kurhausweg 7, 38644 Hahnenklee, Tel. 05325-51 04-0, info@hahnenklee.de, www.hahnenklee.de, Mai-Sep Mo-Fr 9-17, Sa, So 9-12 Uhr, Okt-April Mo-Fr 9-16, Sa 9-12 Uhr].

Ein Hahn soll hier unter wildem Klee Silber gefunden haben. Tatsächlich bedeutet der Ortsname aber wohl „hohes Kliff". Hoch liegt Hahnenklee tatsächlich, immerhin 600 Meter. Berühmt ist die **Stabkirche**, in deren Nähe Sie Ihr Auto auf dem Großparkplatz abstellen können. 1907/1908 wurde die in Deutschland einmalige Stabkirche nach nordischem Vorbild und ganz aus Holz erbaut. Sie erinnert in ihrer abgestuften Form an ein Wikingerschiff. Im separat stehenden Glockenturm befindet sich ein Carillon, ein spezielles Turm-Glockenspiel. Es ist ab 11.56 Uhr stündlich bis 19.56 Uhr zu hören [Gustav-Adolf-Stabkirche, Bockswieser Straße, 38644 Hahnenklee, Tel. 05325-23 78, KG.Hahnenklee@evlka.de, www.stabkirche.de, Mai-Okt Mo-Sa 10.30-17, So 9.30-10.45 u. 12-17 Uhr, Nov-April Mo-Fr 11-12.30 und 14-16, Sa 11-16, So 9.30-10.45 und 12-16 Uhr].
Hinter der Stabkirche beginnt der **Liebesbankweg**. Auf dem sieben Kilometer langen Rundweg finden Sie 25 individuell gestaltete Bänke, die symbolisch vom Kennenlernen bis zur Kronjuwelenhoch-

Ab ins Königreich

Einer der schönsten Harzer Wanderwege beginnt in Oker, einem Stadtteil von Goslar. Start ist am Waldhaus Oker. 4 Kilometer führt der Weg entlang der wild sprudelnden Oker zur romantischen Verlobungsinsel und schließlich nach ***Romkerhall*** *– in dem kleinsten Königreich der Welt kann man einkehren (tgl. ab 11.30 Uhr). Zurück geht es entweder den gleichen Weg, auf der anderen Straßenseite oder per Bus.*

Café Egerland

Direkt am Liebesbankweg mitten im Wald erwartet Sie das Café Egerland. Mit Blick auf den Oberen Grumbacher Teich können Sie hier täglich ab 11 Uhr einkehren. Bei schönem Sommerwetter kann man im Biergarten oder auf der überdachten Terasse sitzen. Die Spezialität des Hauses: warmer Apfelkuchen mit Vanilleeis! ***Café Egerland****, Kreuzeck 4, 38644* ***Hahnenklee****, Tel. 05325-22 93, kaffeehaus-egerland@harz.de, www.kaffeehaus-egerland.harz.de. Warme Küche gibt es bis 18.30 Uhr.*

zeit führen. Ihre Kinder können Sie mit der Aussicht auf den Wasserspielplatz weiterlocken. Dort kann das nasse Element über eine archimedische Schraube und ein Wasserrad geleitet werden.

Auf dem Bocksberg

Es zieht Sie auf den Berg? Dann bietet sich eine Fahrt mit der Seilbahn auf den **Bocksberg** an. In zehn Minuten ist man auf dem 726 Meter hohen Gipfel. Vom Aussichtsturm verbessert sich die Sicht noch mal. Eine nette Einkehrmöglichkeit bietet die **Bocksberghütte** (tgl. 10-17 Uhr). Wollen Sie ein bisschen Nervenkitzel? Dann fahren Sie doch bergab mit dem Mountainbike, dem Sommerboard oder dem Monsterroller! Der Transport nach oben ist kostenlos, Sie zahlen nur die Ausleihgebühr [Erlebnisbocksberg, Rathausstr. 6, 38644 Hahnenklee, Tel. 05325-2576, info@erlebnisbocksberg.de, www.erlebnisbocksberg.de, Seilbahn Sommer Mo-Fr tgl. 9-17.30 Uhr, Winter 9-16.45, Sa, So, Fei 8 -16.30 Uhr, Erw. € 6,50, Kinder (4-14 Jahre) € 4, Familien € 18,50; BocksBergBob Erw. € 3, Kinder € 2, auch Kombitickets; Trampolin, Kartbahn je € 1].

Wer weiteren Nervenkitzel sucht, kann den Rückweg ins Tal mit einem Mountainbike oder einem Monsterroller antreten. Beides wird im Seilbahn-Gebäude bei Board'n'Bikes verliehen und mit der Seilbahn bergauf transportiert. Bergab geht es dann im Bikepark bzw. auf der Monsterroller-Strecke [Board'n'Bikes, Rathausstr. 6, 38644 Hahnenklee, Tel. 0179-274 04 77, boardnbikes@web.de, www.boardnbikes.de, Verleih tgl. 9.30-16 Uhr, Mountainbike 4 Std € 10, Monsterroller (ab 8 J.) 1 Fahrt inkl. Seilbahn € 9].

Stabkirchen wie diese bestehen zu 100 Prozent aus Holz, sogar die Nägel

Tour 3: Luchsgehege und Molkenhaus in Bad Harzburg

Bad Harzburg: Burgberg • Rabenklippen • Molkenhaus

Wo: am nordwestlichen Harzrand – Wie: zu Fuß und mit der Seilbahn – Dauer: Halbtagesausflug – Nicht vergessen: Sonnen- und/oder Regenschutz, feste Schuhe und Getränke, evtl. Badekleidung für den Ausklang im Wasser

Mit der Großkabinenseilbahn gelangen Sie in drei Minuten auf den Burgberg

Dass Wandern durchaus Spaß machen kann, werden Ihre Kinder bei dieser Tour in **Bad Harzburg** erleben. Schließlich beginnt sie gleich mit einer Seilbahnfahrt und bringt Sie dann zu einem Luchsgehege und einem tollen Spielplatz mitten im Wald. Bei der Wildfütterung am Molkenhaus lässt sich sogar Rotwild aus nächster Nähe betrachten.

Bad Harzburg hat viele Gesichter. Mal zeigt es sich sportlich, mal mondän, mal naturverbunden, mal offenbart es seine historischen Wurzeln. Im 19. Jahrhundert kam der Fremdenverkehr unter Nutzung der schon 1569 entdeckten Solequelle zum Blühen. Aus der Zeit um die Jahrhundertwende stammen noch so manche schöne Häuser. Die Trink- und Wandelhalle ist das Wahrzeichen des Kurortes. Heute schreibt man Wellness groß, es gibt viele Sport- und Wanderangebote. Doch auch Familien kommen hier nicht zu kurz.

Burgen und Mägde

Steil steigen die Berge am Talausgang an und markieren das Tor zum Harz. Heinrich IV. wollte diesen Zugang sichern und baute im Jahr 1065 oben auf dem **Großen Burgberg** eine mächtige Burg. Schon acht Jahre später musste er vor den Sachsen fliehen, angeblich durch einen Geheimgang im Brunnen. Die alten Umfassungsmauern und der Brunnen sind erhalten geblieben, man erkennt auch noch gut die alte Zwei-

Ab in die Höhe

Baumstämme ragen in die Höhe, dazwischen wagen sich Menschen über schmale Seile und wacklige Brücken. Das ist Skyrope! In dem Hochseilgarten wird in einer Höhe von 10 Metern geklettert – natürlich gut gesichert nach einer ausführlichen Einweisung in die Technik. Kinder unter 12 Jahren dürfen im Big Swing schaukeln oder vom Pamper Pole springen. ***Hochseilpark Skyrope****, Im Kalten Tal, 38667 Bad Harzburg, Tel. 039457-986 20, mail@skyrope.de, www.skyrope.de, April-Okt So 10, 12, 14.30, 16.30 Uhr, nds. Sommerferien auch Mi 12, 14.30 und 16 Uhr, 2 Std. € 20, Familien € 60, Big Swing oder Pamper Pole € 5, Selbstsicherungsbereich ab 12 J. und 1,50 Metern Größe.*

teilung durch einen Graben, außerdem wurde der ehemalige Pulverturm wieder aufgebaut und dient der Aussicht. Im östlichen Bereich wurden der Rundturm und der Palas durch Markierungen gekennzeichnet. Wer mehr wissen möchte, sollte an einer der **Führungen für Familien** mit der Magd Minna teilnehmen. Sie werden von der Tourist-Information angeboten [Tourist-Information, Nordhäuser Str. 4, 38667 Bad Harzburg, Tel. 05322-753 30, info@bad-harzburg.de, www.bad-harzburg.de, Mo-Fr 8-18, Sa, So 10-16 Uhr, Erw. € 6, Kinder (6-15 J.) € 3,50 inkl. Seilbahnfahrt].

Ehe Sie Ihre Wanderung beginnen und auf den Burgberg schweben, können Sie dem **Märchenwald** einen Besuch abstatten. Die Geschichten von Schneewittchen, Rotkäppchen oder Hänsel und Gretel werden in kleinen Häuschen mit Drehbühnen und 100 handgeschnitzten Figuren erzählt. Außerdem laden ein Spielplatz zum Toben und der Safari-Express und ein Karussell zum Mitfahren ein [Märchenwald, Nordhäuser Str. 1a, 38667 Bad Harzburg, Tel. 05322-35 90, zum@maerchenwald-harz.de, www.maerchenwald-harz.de, März-Okt tgl. 10-19, Nov-Feb Fr-So 10-17 Uhr, Erw. € 5, Kinder bis 12 J. € 4, Familien € 15].

Doch nun zur Wanderung! Hinauf auf den Burgberg führt eine **Seilbahn**. In eine der Kabinen passen 18 Personen, und in nur drei Minuten befinden Sie sich auf 482 Metern Höhe [Burgberg-Seilbahn, Nordhäuser Str.,

Winuwuk

Verwunschen wirkt das Café Winuwuk hoch über Bad Harzburg. Erbaut wurde es 1922 von dem Worpsweder Bildhauer und Architekten Bernhard Hoetger. Der Name soll bedeuten: Weg Im Norden Und Wunder Und Kunst. Im Café gibt es leckeren Kuchen! Im dazugehörigen Kunsthandwerkerhof Sonnenhof lassen sich so manche schönen Dinge entdecken. ***Café Winuwuk****, Waldstr. 9, 38667 Bad Harzburg, Tel. 05322-14 59, www.winuwuk.de, Mi-So 11.30-18 Uhr.*

38667 Bad Harzburg,Tel. 05322-753 71, info@bad-harzburg.de, www.bad-harzburg.de, April-Okt tgl. 9-17 Uhr, März-April 10-16 Uhr, Mittagspause 13-13.30 Uhr, Erw. € 3, Kinder bis 12 J. € 1,50]. Oben angekommen lassen sich zunächst die Ruinen der Harzburg und der Ausblick bewundern.

Zu den Rabenklippen

Auf dem Burgberg weisen Schilder dann in die richtige Richtung: zu den **Rabenklippen**. Dort befinden sich nicht nur besagte Klippen und eine gleichnamige Waldgaststätte, sondern auch das **Luchsgehege**. Über die Säperstelle und die Tiefe Kohlstelle erreichen Sie nach etwa einer Stunde Wanderung Ihr Ziel.

Falls Sie Ihre Kinder so gar nicht zum Laufen auffordern können, fährt übrigens auch ein Erdgasbus die Rabenklippen an, jedoch nur von April bis Oktober [Linie 875 ab Bahnhof Bad Harzburg, 10.47, 11.47, 13.47, 14.47 und 16.47 Uhr]. Auch die Weiterfahrt zum Molkenhaus kann auf diese Weise erfolgen.
Die Terrasse des **Gasthauses** bietet einen herrlichen Blick auf die Rabenklippen sowie auf den Brocken und Torfhaus. Bei deftigen Speisen oder süßem Kuchen lässt sich die Aussicht genießen. Seit 1874 werden Wanderer hier versorgt, damals mussten die Getränke noch per Kiepe auf dem Rücken hochgeschleppt werden! Die Herkunft des Namens ist indes ungeklärt. Einer Legende nach

Die Rabenklippen sind vom Burgberg aus bequem zu erwandern

haben Raben hier einen Mönch vor dem Hungertod gerettet. [Waldgasthaus Rabenklippe, Bad Harzburg, Tel. 05322-28 55, info@rabenklippe.de, www.rabenklippen.de, Di-So 10-18 Uhr].

Wilden Tieren auf der Spur

Seit einigen Jahren siedelt man erfolgreich wieder Luchse im Harz an. Bis vor 200 Jahren waren sie dort heimisch, nun sind sie es wieder. 24 Luchse wurden zwischen 2000 und 2006 in die Freiheit entlassen, inzwischen wurden zahlreiche Junge geboren. Im **Luchsgehege** an der Rabenklippe tummeln sich Attila, Bella, Pamina und Tamino. Öffentliche Fütterungen, bei denen die Nationalpark-Mitarbeiter über die kleinen Raubkatzen berichten, finden mittwochs und samstags um 14.30 Uhr statt. Am besten Sie erkundigen sich bei der Tourist-Information in Bad Harzburg, ob die Fütterung stattfindet (Adresse siehe S. 45). Von den Rabenklippen führt ein breit ausgebauter Weg zum drei Kilometer entfernten **Molkenhaus**. Ein Gebäude in der Nähe diente einst als Unterkunft für die Kuhhirten. Heute kann man hier einkehren und sogar bei einer Wildfütterung zuschauen. Die Uhrzeit wechselt täglich, wenn Sie sichergehen wollen, sollten Sie vorher anrufen. Doch auch sonst wird Ihren Kindern nicht langweilig, denn es gibt ja den tollen Waldspielplatz. Besonders viel Spaß macht es, direkt am Bach zu spielen und Dämme zu bauen. Außerdem gibt es Geräte zum Klettern, Wippen und Rutschen. Im Molkenhaus selbst ist eine Kinderecke den Kleinen vorbehalten. Dort können sie nach Herzenslust malen und lesen [Molkenhaus, Molkenhaus 1, 38667 Bad Harzburg, Tel. 05322-78 43 44, molkenhaus@t-online.de, www.molkenhaus.de, tgl. April-Okt 10-17.30 Uhr, Nov-März Fr-Mi 11-16 Uhr]. Die Rückkehr erfolgt entweder wieder über die Bergstation der Seilbahn oder direkt zu Fuß hinab nach Bad Harzburg.

Der Luchs, die gefährdete Raubkatze, ist seit Kurzem wieder im Harz heimisch

Ein Luchsticket, bitte!

Im Luchs-Informationszentrum können Sie sich vorab über die Tiere mit den Puschelohren schlau machen oder das Luchsticket für eine Exklusiv-Fütterung mit Fahrt und Einkehr erwerben. Im Haus der Natur erwartet Sie außerdem eine Mitmach-Ausstellung.
***Haus der Natur**, Nordhäuser Str. 2b, 38667 Bad Harzburg, Tel. 05322-78 43 37, info@haus-der-natur-harz.de, www.haus-der-natur-harz.de, Di-So 10-17 Uhr, Erw. € 3, Kinder € 1, Familien € 5, Luchsticket Erw. € 28,90, Kinder € 21,90.*

Nasse Rutschpartie – die beste Belohnung für fleißige Wanderer

Wenn Sie noch Zeit haben, können Sie beim **Wildgehege** am Golfplatz Dam-, Rotwild und Mufflons beobachten. Bad Harzburg besitzt auch eine Galopprennbahn und eine Spielbank. Etwas mehr Zeit sollten Sie einplanen, wenn Sie dem **Krodoland** (siehe S. 87) im Ortsteil Westerode einen Besuch abstatten wollen.

Kühle Erfrischung

Badefreuden bieten gleich mehrere Einrichtungen in Bad Harzburg. Im Außenbereich des **Silberbornbads** locken eine 50 Meter lange Rutsche, ein Erlebnis- und Funbecken mit Geysir, Strömungskanal, Brodelbecken und Grotte sowie ein Planschbecken für die Kleinen ins Wasser. An Land wird gerne auf dem Abenteuerspielplatz getobt oder Basketball, Fußball oder Volleyball gespielt. Im Hallenbad können Sie sich auf einer Länge von 25 Metern ausschwimmen, während Ihre Kinder von der Elefantenrutsche ins Planschbecken gleiten [Silberbornbad, Am Herbrink 35, 38667 Bad Harzburg, Tel. 05322-753 05, info@bad-harzburg.de, www.silberbornbad-bad-harzburg.de, Mo 14-20, Di-Fr 8-20, Sa, So 8-19 Uhr, Erw. 4,5 Std. € 6,50, Kinder (4-15 J.) €3,50]. Mehr für die Entspannung der Eltern als für kleine Wasserplanscher eignet sich die **Sole-Therme**. Aber vielleicht mögen Ihre Kinder Sprudelbecken, Sauna und die beiden Außenbecken mit Strömungskanal? Das Baden in der Natur-Sole aus der Dr.-Harras-Schneider-Quelle ist außerdem sehr gesund. Mehrmals täglich wird Aqua-Fitness im Innenbecken angeboten [Sole-Therme, Nordhäuser Str. 2a, 38667 Bad Harzburg, Tel. 05322-753 60, Mo-Sa 8-21, So 8-19 Uhr, Erw. € 7,50, mit Sauna € 12, Kinder bis 12 J. € 5, mit Sauna € 7,50].

Wilde Tischnachbarn

Ganz nah kommen Wildschwein und Hirsch, während Sie gemütlich drinnen sitzen. In dem 2013 eröffneten Restaurant Marienteichbaude an der Straße Richtung Torfhaus können Sie das faszinierende Schauspiel täglich erleben. Harzer Produkte lassen sich in Leistes Hofladen erwerben.

***Marienteichbaude**, An der Bundesstr. 4, 38667 Bad Harzburg, Tel. 05322-544 95 44, info@marienteichbaude.de, www.marienteichbaude.de, Gaststätte tgl. 11-22 Uhr, Termine der Wildfütterung wechseln.*

Tour 4: Auf dem Wasser und im Berg – Oberharz

Okertalsperre • Clausthal-Zellerfeld • Wildemann • Lautenthal • Innerstetalsperre

Wo: Oberharz – Wie: mit dem Auto und dem Schiff – Dauer: Tagesausflug – Nicht vergessen: Taschenlampe, Sonnenschutz, evtl. Inlineskates oder Fahrräder

Stauseen gehören zum Bild des Harzes wie dunkelgrüne Fichten und zahlreiche Teiche und Gräben. An einer der Talsperren beginnt die heutige Tour durch den Oberharz, am **Okerstausee**. Nach einer Schiffsfahrt geht es mit dem Auto in die Bergstädte **Clausthal-Zellerfeld, Wildemann und Lautenthal**. Alle drei Orte besitzen ein Bergbaumuseum, das jeweils etwas anderes zu bieten hat. Wenn Ihnen so viel Bergbau auf einmal zu viel ist, suchen Sie sich eines der Museen nach Ihrem Geschmack aus! Zum Abschluss geht es noch einmal an einen Stausee: die **Innerstetalsperre**.

Stauseen und Talsperren

Ab Ende der 1920er-Jahre begann man, im Harz Talsperren zu bauen, um das Vorland vor Hochwasser zu schützen. Auch zur Stromerzeugung und zum Teil zur Trinkwassergewinnung werden sie bis heute genutzt. Nach der Sösetalsperre 1931, der Odertalsperre 1934 und der Eckertalsperre 1942 wurde die Okertalsperre 1956 in Betrieb genommen. Sie liegt zwischen Oker, einem Ortsteil von Goslar, und Altenau. Damit sie erbaut werden konnte, mussten zunächst zwei Waldarbeiterorte, nämlich Unter- und Mittelschulenberg, umgesiedelt werden. Bei sehr niedrigem Wasser kann man manchmal noch Überreste von Häusern aus dem Wasser ragen sehen. Die Bogenstaumauer ist 260 Meter lang. Sie überträgt den Druck des Wassers auf die Berghänge. Insgesamt fasst der Stausee 47,4 Millionen Kubikmeter Wasser. Fahren Sie von der Staumauer in Richtung Altenau weiter bis zum Anleger Weißwasserbrücke. Dort startet die **Okersee-Schifffahrt** mehrmals täglich eine Rundfahrt über den fünffingrigen Stausee. Während Kapitän Römermann seine Aquamarin übers Wasser steuert, können Sie mit Blick auf die schöne Landschaft Käsekuchen, Eisbecher, Windbeutel oder

Muskelkraft gefragt: Der Innerstestausee lässt sich mit dem Tretboot erkunden

eines der deftigen Gerichte von der Speisekarte genießen [Okersee-Schifffahrt, Anleger Weißwasserbrücke, 38707 Schulenberg, Tel. 05329-811, info@okersee.de, www.okersee.de, März, Nov, Dez nur Sa, So, April, Sep, Okt tgl. 13 und 14.30 Uhr, Mitte Mai-Sep tgl. 10, 11.30, 13, 14.30 und 16 Uhr, Erw. € 10, Kinder (4-14 J.) € 5, Familien € 26].

Rallye mit Emil

Über Schulenberg oder den Abzweig südlich von der Weißwasserbrücke erreichen Sie **Clausthal-Zellerfeld** nach etwa 10 Kilometern [Tourist-Information Clausthal-Zellerfeld, Bergstr. 31, 38678 Clausthal-Zellerfeld, Tel. 05323-810 24, info@oberharz.de, www.oberharz.de, www.clausthal-zellerfeld.de, Mo-Fr 9-17, Sa 9-13, Feiertage 10-13 Uhr].

Die beiden ehemals freien Bergstädte wurden 1924 zu einem Doppelort zusammengeschlossen. Viele Teiche zeugen von der regen Bergbautätigkeit in dieser Gegend. Sehenswert für die Großen sind die **St.-Salvatoris-Kirche** in Zellerfeld mit dem Flügelaltar von Werner Tübke und die **Marktkirche**, eine der größten Holzkirchen der Welt, in Clausthal [St.-Salvatoris-Kirche, Thomas-Merten-Platz, Ostern-Okt und Adventssonntage 15-17 Uhr; Marktkirche, Hindenburgplatz, März-Nov Mo-Sa 10-17, So 13-17, Adventssonntage 12-16 Uhr].

„Dennert-Tannen" heißen die im Oberharz verteilten Informationstafeln

Im nördlich gelegenen Zellerfeld folgen Sie den Hinweisen zum **Oberharzer Bergwerksmuseum**. Es hat neben vielen Modellen, einer großen Außenanlage und einer interessanten Führung durch einen künstlich angelegten Stollen etwas ganz Besonderes zu bieten: einen Rundgang mit **Emil**. So nennt sich der kleine tragbare Computer, ein PDA (Personal Digital Assistant), der in einer spannenden Rallye auf die Spuren des Bergbaus führt. Einer der Rundgänge führt durch den Außenbereich des Museums, ein weiterer zur Ringerhalde. Über die Bornhardstraße geht es zu verschiedenen Stationen, z. B. zu einem Kunstrad, zu einem Häuschen im Wasser oder zu einem versteckten Graben. Was das alles mit dem Bergbau zu tun hat, erfahren Sie, indem Sie den richtigen Weg finden und an den gelben Dennert-Tannen mit dem Symbol des Detektivs Emil den korrekten Code eingeben. Das macht nicht nur viel Spaß, sondern Sie erleben die Landschaft nun auch mit ganz anderen Augen! Sie erfahren unter anderem, was ein Striegelhaus ist, warum hier so viele Fichten wachsen oder was es mit

Steinaltes Getier

Wie sehen Amethyst und Malachit aus? Mit rund 120.000 Stücken zählt die geologische Sammlung in Clausthal zu den größten in Deutschland. Interessant ist auch die Abteilung zur Erdgeschichte mit riesigen Modellen wie dem einer Ur-Libelle. ***Geosammlung****, Technische Universität, Adolph-Roemer-Str. 2a, 38678 Clausthal-Zellerfeld, Tel. 05323-72-27 37, Office@geologie.tu-clausthal.de, www.tu-clausthal.de, Di-Fr 9.30-12.30, Do auch 14-17, So 10-13 Uhr, Erw. € 1,50, Kinder € 1.*

einem abgeworfenen Graben auf sich hat. Da der Weg am Robinson-Spielplatz vorbeiführt, kann hier eine Spielpause eingeplant werden. Wie wäre es etwa mit einem Picknick? In dem ehemaligen Steinbruch können sich Ihre Kinder beim Klettern, Rutschen und Wippen vergnügen.

Auf dem Rückweg kommen Sie wieder durch die Bornhardtstraße. An der Ecke zur Schützenstraße befindet sich die **Alte Münze**. In dem Kunsthandwerkerhof wurden einst Münzen geprägt. In der Glasbläserei wird halbstündlich vorgeführt, wie Kostbares blitzschnell aus glühend heißer Glasmasse entsteht. Auf Wunsch können Sie Ihre eigene Dekokugel blasen [Glasbläserei Wiemers, Bornhardtstr. 11, 38678 Clausthal-Zellerfeld, Tel. 05323-836 38, wiemers@glasblaeserei.de, www.glasblaeserei.de, Mo-Fr 9.30-13 und 14-18, Sa 9.30-17, So 11-17 Uhr, Erw. € 3,50, Schüler ab 7 J. € 2,50]. Leckere Torten gibt es ein paar Schritte weiter im **Café Sti(e)lbruch** [Tel. 05323-820 77, www.cafe-stilbruch.harz.de, Do 11-22, Fr-Mi 11-18 Uhr]. Außerdem gibt es in dem Hof eine Goldschmiede, eine Seidenmalerei und die Holz- und Glasspielerei. Jeden Donnerstag von Mai bis Oktober verwandelt sich die Bornhardtstraße ab 18 Uhr in einen Bergbauernmarkt, auf dem Sie Harzer Spezialitäten einkaufen können.

Beim Grabenwärter

Das Oberharzer Wasserregal ist ein System aus Gräben und Teichen, das im Bergbau die Wasserräder antrieb. Teil davon ist der Dammgraben, der im Bereich des Sperberhais über einen Damm geführt wird. Das Dammhaus diente einst als Unterkunft für den Grabenwärter. Drinnen und auf der Terrasse sitzt es sich heute gemütlich bei Hirschgulasch oder Regenbogenforelle. Für Kinder stehen Spaghetti, Nuggets oder Schnitzel auf der Karte. Anfahrt: vom Okerstausee über Altenau nach Clausthal-Zellerfeld, nach der Auffahrt zur B242 gleich auf der linken Seite. ***Sperberhaier Dammhaus****, Dammhaus 1, 38678* ***Clausthal-Zellerfeld****, Tel. 05328-91 14 95, dammhaus@t-online.de, www.dammhaus-harz.de, tgl. 10-18, im Sommer 10-20 Uhr.*

Historische Grubenbahn im Bergbaumuseum Lautenthals Glück

Wilde Männer und Bergleute

Nach der Rückgabe der PDAs steht nun **Wildemann** auf dem Programm [Tourist-Information Wildemann, Bohlweg 5, 38709 Wildemann, Tel. 05323-61 11, info@oberharz.de, www.oberharz.de, Mo 9-17, Di-Fr 9-13 Uhr].

Fahren Sie auf der B242 Richtung Bad Grund, bis rechts der Abzweiger nach Wildemann führt. Benannt wurde der Ort nach einem wilden Mann, der der Sage nach hier in der Gegend hauste. Als die ersten Bergleute in diese Gegend kamen, sollen sie den Riesen gesehen haben, wie er gerade eine Tanne aus dem Erdboden riss. Von wilden Männern ist heute aber nichts mehr zu sehen. Es geht eher idyllisch zu in dem 1.100 Einwohner zählenden Städtchen, das sich lang gezogen in einem engen Tal ausbreitet. Vielleicht sehen Sie sogar einen Kuhhirten, der gerade das Harzer Rote Höhenvieh zu seinen Weiden an den Berghängen treibt. Das Wildemanner Besucherbergwerk heißt **19-Lachter-Stollen**. Eine Führung durch den Stollen, der zunächst das Wasser aus dem Berg befördern sollte, in dem dann aber mit dem Ausbau auch Erz abgebaut wurde, ist für Ihre Kinder ein großer Spaß. Schließlich dürfen sie hier in die Rolle von Gleichaltrigen schlüpfen und etwa als Pochjunge Johann auch mal Eisen und Schlägel selbst in die Hand nehmen. So einiges gibt es zu erfahren und auszuprobieren beim Gang durchs Gestein. Beim Blick in den Schacht Ernst August kann schon mal der Atem gefrieren, in der Kehrradstube lässt sich das hölzerne Ungetüm mit 9 Metern Durchmesser in originaler Pracht bewundern [19-Lachter-Stollen, Im Sonnenglanz 18, 38709 Wildemann, Tel. 05323-66 28, Besucherbergwerk@t-online.de, www.19-lachter-stollen.de, Feb-April Di-So 11, 14 Uhr, Mai-Okt auch 15.30 Uhr, Nov-24. Dez Sa 14, So 11 Uhr, 25. Dez-6. Jan tgl. 11 und 14 Uhr, 7.-31. Jan Di-So 11 Uhr, Erw. € 6, Kinder (4-17 J.) € 3,50].

Speisen und Spielen

Dort, wo oberhalb von Lautenthal einst Erz abgebaut wurde, können Sie nun einen Bergbaulehrpfad entlangwandern und mit Blick ins Land speisen. Zur Waldgaststätte „Maaßener Gaipel" gehört auch ein kleiner Spielplatz mit Schaukel und Eisenbahn. Anfahrt: über Hahnenkleer Straße. ***Maaßener Gaipel****, 38685* ***Lautenthal****, Tel. 05325-546 71 14, maassener.gaipel@t-online.de, home.arcor.de/harzklub-lautenthal/gaipel.htm, Mai-Okt tgl. 10-21 Uhr, Dez-April tgl. 10-19 Uhr.*

Lautenthals Glück

Nur wenige Kilometer weiter erreichen Sie **Lautenthal** [Tourist-Info Lautenthal, Kaspar-Bitter-Str. 7b, 38685 Lautenthal, Tel. 05325-44 44, info@lautenthal-harz.de, www.lautenthal-harz.de, Mo-Sa 9-17, So 9.30-14 Uhr]. Benannt ist der Ort nach dem Flüsschen Laute, das hier in die Innerste fließt. Der staatlich anerkannte Luftkurort wurde 1538 als Bergmannssiedlung gegründet. Das **Bergbaumuseum** mit dem schönen Namen „Lautenthals Glück" hat gleich zwei Bonbons zu bieten: die Fahrt mit der Grubenbahn und das Schippern auf dem Erzkahn. Im „Feurigen Elias" geht es in den dunklen Berg hinein, hier kommt die Taschenlampe zum Einsatz! Am Bahnhof gibt es dann wieder Licht, und nun geht es über einige Treppen in die St.-Barbara-Kapelle und zu den Stellen, an denen die Bergleute einst Silbererz abbauten. Wie das genau geschah, wird natürlich ausführlich erklärt und vorgeführt. Nach der Rückfahrt sollten Sie dem **Erzkahnhafen** unbedingt noch einen Besuch abstatten. Denn eine Fahrt mit einem solchen Kahn, in dem früher das Erz unterirdisch transportiert wurde, ist sonst nirgendwo im Harz möglich. Auch hier kann eine Taschenlampe gute Dienste leisten. Auf dem Freigelände sind das 15 Meter hohe hölzerne Wasserrad, das einst die Fahrkunst antrieb, zu sehen sowie rund 30 Gruben- und Lorenbahnen [Lautenthals Glück, Wildemanner Str. 11-21, 38685 Lautenthal, Tel. 05325-44 90, info@lautenthals-glueck.de, www.lautenthals-glueck.de, April-Okt tgl. 10-17, Nov-März Di-So 10-15, Ferien bis 17 Uhr, Erw. € 9, Kinder (bis 10 J.) € 5/(bis 16 J.) € 6, Familien mit 1 Kind € 21, jedes weitere Kind € 4].

Ein bisschen Bewegung?

Zwei Spielplätze laden in Lautenthal zur Toberunde zwischendurch ein. Der eine, kleinere liegt an der ***Hahnenkleer Straße****. Hier kann man auch die Laute fließen sehen. Den anderen finden Sie, wenn Sie in Richtung Langelsheim fahren und rechts in den Bielsteinweg abbiegen. Ein Waldweg führt links hoch zum* ***Abenteuer-Spielplatz Förstergarten****. Mitten im Wald wird hier geklettert, gewippt und geschaukelt.*

Rund um die Talsperre

Nördlich von Lautenthal, in Richtung Langelsheim kommen Sie zur **Innerstetalsperre**. Sie wurde 1963 bis 1966 erbaut und hat ein Fassungsvermögen von 19,26 Millionen Quadratmetern. Deutlich ragt in der Nähe der Staumauer der Überlaufturm heraus, der bei starkem Hochwasser für Entlastung sorgt. Das passiert etwa alle zwei Jahre, wenn die Talsperre den Wasserzufluss nicht mehr aufnehmen kann.

Der Weg rund um die Talsperre beträgt 7,4 Kilometer und ist komplett asphaltiert. So kann man den See nicht nur zu Fuß, sondern auch gut auf Inlinern oder mit dem Fahrrad umrunden. Wenn Sie lieber auf das Wasser möchten, ist das auch kein Problem. Am Kiosk beim Campingplatz werden Tretboote verliehen [April-Okt tgl. ab 10 Uhr, 30 Min. € 5, 1 Stunde € 8). Einkehr ist möglich im Seestübchen (Mo-Fr 11.30-20, Sa, So 10-20 Uhr, Okt-April Mo Ruhetag)].

Tour 5: Sport und Spiel im Oberharz

Braunlage • St. Andreasberg • Sieber

Wo: Oberharz – Wie: mit dem Auto, zu Fuß – Dauer: Tagesausflug – Nicht vergessen: sportliche Kleidung

Die heutige Tour führt in den südlichen Bereich des Oberharzes. Heute spielt hier der Tourismus die wichtigste Rolle, doch neben der Landschaft zeugen viele Besucherbergwerke von der einstigen Einnahmequelle. So steht auch ein solches heute auf dem Programm, daneben soll es bei Sport und Spiel flott zugehen.

Auf dem Wurmberg

Braunlage ist das erste Ziel [Braunlage Tourismus GmbH, Elbingeröder Str. 17, 38700 Braunlage, Tel. 05520-930 70, tourist-info@braunlage.de, www.braunlage.de, Mo-Fr 9-17, Sa 9.30-12.30 Uhr]. Der 550 Meter hoch gelegene Ort besitzt mit dem Wurmberg den höchsten Berg in Niedersachsen. Bequem können Sie die 971 Meter mit der Kabinen-Seilbahn hinaufschweben. 15 Minuten dauert die Fahrt, dann ist der Gipfel erreicht. Es geht aber noch höher hinaus, denn der Turm der **Wurmbergschanze** darf bestiegen werden (€ 1). Dann hat man auf 1.001 Metern einen noch fantastischeren Weitblick. Am Fuße des Turms befindet sich die **Hexentreppe**: Stufen aus großen Steinen. Wahrscheinlich handelt es sich dabei um den Weg zu einem germanischen Kultplatz, der einst oben auf dem Gipfel erbaut wurde. Nur noch Reste davon sind sichtbar [Wurmberg-Seilbahn, Am Amtsweg 5, 38700 Braunlage, Tel. 05520-99 93-0, info@wurmberg-seilbahn.de, www.wurmberg-seilbahn.de, Mai-Nov 9.45-17.30, Dez-April 9-17 Uhr, Rückfahrkarte Erw. € 12, Kinder (6-15 J.) € 8, Familien € 30]. Zu längerem Aufenthalt lädt die **Wurmberg-Alm** ein. Ob Wurmberg-Schnitzel und Chick & Chips oder lieber Kaffee, Kuchen und Eis, hier können Sie sich zu jeder Tageszeit stärken. Während Sie noch gemütlich in der Sonne sitzen, toben Ihre Kinder wahrscheinlich längst auf dem Spielplatz in Sichtweite des Biergartens. Klettern, rutschen und im Sand buddeln macht

Dunkles Grün im Oberharz

Der Oberharz ist das traditionelle Bergbaugebiet des Harzes. Die Landschaft ist geprägt von Teichen und Gräben, die dem Bergbau Wasser zuführen sollten. Für den Abbau der Erze benötigte man auch viel Holz und rodete große Flächen. Als Ersatz wurden schnell wachsende Fichten gepflanzt. Deren dunkles Grün zeichnet noch heute den Oberharz aus, wenn man auch versucht, die alte Vielfalt durch Anpflanzen von Laubbäumen wiederherzustellen.

Monsterroller

*Bergauf mit der Seilbahn, bergab mit dem **Monsterroller**! Am Großparkplatz bei der Wurmberg-Seilbahn in Braunlage werden die Tretroller verliehen. Kinder ab 10 Jahren dürfen dabei sein. Die Gefährte sind mit dicken Profilreifen und Scheibenbremsen ausgestattet. Helme sind im Preis von € 16 pro Roller enthalten. Empfehlenswert sind eigene Handschuhe, die das Bremsen erleichtern. Die Abfahrtsstrecke ist ausgeschildert und bringt Sie nach fünf Kilometern wieder ins Tal. Ein Spaß für die ganze Familie! Blockhaus am Großparkplatz, Am Amtsweg 4, 38700 Braunlage, Tel. 01578-397 52 23, info@monsterroller.de, www.monsterroller.de, Mai-Okt tgl. 9.30-17 Uhr.*

hier genauso viel Spaß wie ein Besuch in den Streichelgehegen. Dort warten süße Hasen und freundliche Ziegen auf kleine Hände. Direkt an der Bergstation befindet sich ein zweiter Spielplatz, der mit seinem Trampolin zum Hüpfen und Springen einlädt. Mit der Seilbahn oder zu Fuß treten Sie nun den Rückweg an. In den kalten Monaten ist der Wurmberg eines der beliebtesten Harzer Wintersportgebiete. Eine Attraktion für Familien ist dann die einen Kilometer lange **Rodelbahn**. Schlitten transportiert die Seilbahn bis zur Mittelstation Rodelhaus hinauf, dann geht es schwungvoll wieder bergab [Auf dem Wurmberg, 38700 Braunlage, Tel. 05520-721, info@wurmberg-alm.de, www.wurmberg-alm.de, tgl. 9-18 Uhr].

Adventure- und Swingolf

Nach der Bergbezwingung soll es nun sportlich weitergehen. In jedem Fall muss ein kleiner Ball ins Loch befördert werden, entweder beim Minigolf oder beim Swingolf. Folgen Sie vom Parkplatz der Seilbahn der Harzburger Straße. Hinter dem Eisstadion befindet sich der **AdventureGolf Park**. An 14 ungewöhnlichen Bahnen gilt es, den Ball an den Hindernissen vorbei einzulochen. [Harzburger Straße 29, 38700 Braunlage, Tel. 05520-487, www.golfpark-braunlage.de, April-Okt tgl. 11-19 Uhr, Erw. € 7, Kinder € 5]. Wer sich für **Swingolf** entschieden hat, biegt links in die Elbingeröder Straße ein, bis es rechts zum Kurpark geht. In dem Gebäude neben dem Schwimmbad erhalten Sie die Schläger. Swingolf ist die Wald-und-Wiesen-Variante des Golfsports. Nach einer kurzen Einweisung in die Spielregeln und die Schlagtechnik können Sie sofort losspielen.

Ultimativer Kick für Groß und Klein: Monsterroller auf dem Wurmberg

Es gibt nur einen Schläger, der universell einsetzbar ist, also für weite Schläge genauso benutzt wird wie für das Einputten. Neun Bahnen mit Längen zwischen 58 und 203 Meter sind im Braunlager Kurpark zu überwinden. Nacheinander schlagen alle ihren Ball in Richtung der Fahne, die das Loch kennzeichnet. Wer dann am weitesten entfernt steht, ist als Nächstes dran. So nähern sich alle dem Ziel und versuchen natürlich, mit möglichst wenig Schlägen auszukommen. Wer schafft es schließlich, die Runde für sich zu verbuchen? Fußball- und FrisbeeGolf können ebenfalls gespielt werden [VolksGolfPark, Oberer Kurpark, 38700 Braunlage, Tel. 0173-860 92 58, info@swingolf-braunlage.de, Ferien tgl. 10-18.30, sonst Mo, Mi-Fr 14-18.30, Sa, So 10-18.30 Uhr, nur bei guter Wetterlage, Erw. € 7, Kinder (6-11 J.), € 4, Fußball- oder FrisbeeGolf Erw. € 5, Kinder € 4].

Kraxelspaß

Ein wenig Mut ist schon erforderlich, wenn Sie und Ihre Kinder am Klettern Ihren Spaß haben wollen. Im Andreasberger Hochseilgarten am Kurpark können Kinder ab etwa 11 Jahren mitmachen. Nach einem Übungsparcours geht es hoch in die Lüfte. Von Baum zu Baum führt die Route über schmale Seile und über schwankende Balken. Ein Highlight ist die 300 Meter lange Seilrutsche (Sa, So 13.45 und 16 Uhr). ***Hochseilgarten der Bergsport-Arena****, An der Skiwiese, 37444* ***St. Andreasberg****, Tel. 05582-8154, info@bergsport-arena.de, www.hochseilgarten-harz.de, April-Okt Sa, So 11-17 Uhr und nach Vereinbarung, Erw. € 20, Kinder € 15, Familien € 60 (2 Kinder) oder € 70 (3 Kinder).*

Essen im Forsthaus

Sechs Kindermenüs stehen im Alten Forsthaus auf der Speisekarte, darunter Kinderschnitzel, Kartoffelpuffer und Spaghetti. Dazu gibt es Apfelsaft bis zum Abwinken! Mittwochs erhalten Kinder bis 12 Jahre das ganze Menü kostenlos zu jedem bestellten Hauptgericht. ***Restaurant Altes Forsthaus****, Harzburger Str. 7, 38700* ***Braunlage****, Tel. 05520-94 40, rezeption@forsthaus-braunlage.de, www.forsthaus-braunlage.de, tgl. 11.30-21.30 Uhr.*

Auf die Kufen, fertig, los!

Wenn Sie lieber auf Kufen dahingleiten wollen, lädt die **Eissporthalle Braunlage** fast das ganze Jahr über dazu ein. Jeden Mittwoch und Samstag werden die Schlittschuhe bei der Eisdisco ab 20 Uhr zu heißen Klängen geschwungen. Doch auch sonst macht es Spaß, auf der 60 mal 30 Meter großen Fläche Pirouetten zu drehen oder das Rückwärtsfahren zu üben [Eisstadion Braunlage, Harzburger Str., 38700 Braunlage, Tel. 05520-21 91, eisstadion-braunlage@t-online.de, www.eisstadion-braunlage.de, Di-Fr 10-12 und 14-16, Sa, So 10-16 Uhr, Ende Dez-Feb auch Mo 10-12 und 14-16, Di, Do, Fr bis 18, So bis 17 Uhr, Sommerpause Mai-Aug, Erw. € 3,50, Kinder bis 16 J. € 3, Familien € 11,50, Schlittschuhverleih € 2,50].

Silber und Kanarienvögel

Nächste Station auf der Tour ist **St. Andreasberg** [Tourist-Information St. Andreasberg, Am Kurpark 9, 37444 St. Andreasberg, Tel. 05582-803 36, info@oberharz.de, www.oberharz.de, Mo-Fr 9-17, Sa 9-13, Feiertage 10-13 Uhr]. In einer der kleinsten Städte Niedersachsens (2.000 Einwohner) wurde schon im 15. Jahrhundert nach Silber geschürft. Davon zeugt bis heute die **Grube Samson**. Das einstige Bergwerk wurde zum Museum. Führungen beginnen im Schachthaus, dem sogenannten Gaipel. Nach einem Blick in den Schacht und auf die bergbaulichen Geräte wird anhand von Modellen vorgeführt, wie Kunst- und Kehrrad und die Fahrkunst funktionierten. Mit dieser sich wechselseitig beweglichen Leiter gelangten die Bergleute ab 1837 viel schneller an ihren Arbeitsplatz tief in der Erde als vorher. Noch heute wird die Andreasberger Fahrkunst benutzt, denn im Schacht erzeugen heute zwei Wasserkraftwerke Strom. Die großen Holzräder, die einst die Fahrkunst antrieben und die Erztonnen nach oben beförderten, sind im Original zu sehen, ehe es durch einen Stollen zurück ans Tageslicht geht [Grube Samson, Am Samson 2, 37444 St. Andreasberg, Tel. 05582-12 49, grubesamson@t-online.de, www.harzer-roller.de, Führungen tgl. 11 und 14.30 Uhr, Nov, Dez eingeschränkt, Erw. € 4,50, Kinder ab 6 J. € 2,25]. Im Obergeschoss des Gaipels der Grube Samson befindet sich das **Harzer-Roller-Kanarienvogel-Museum**, das im Anschluss besichtigt werden kann. Hier zwitschert eine Vielzahl der gelben Vögelchen um die Wette. Unter Tage warnten sie einst die Bergleute vor Sauerstoffmangel, doch auch als Haustiere waren sie sehr beliebt. St. Andreasberg war im 19. Jahrhundert ein Zentrum der Zucht. Viele Familien verdienten sich ein Zubrot mit dem Züchten der Kanarienvögel oder dem Herstellen von Reffs, großen Transportkäfigen. Im Museum ist das Zimmer eines Züchters genauso nachgebaut worden wie eine Werkstatt [Mo-Sa 9-12.30 und 13-16, So 10.30-12.30 und 14-16 Uhr, Erw. € 2,75, Kinder € 2]. Gegenüber vom Stollenausgang sehen Sie das **Nationalparkhaus**, das in seiner Ausstellung auch Kinder anspricht. Eule

Beeindruckend: Die hölzernen Räder trieben die Fahrkunst an

und Maulwurf begleiten den Rundgang. Schnuppern und Tasten, Lauschen und Malen sind bei den Mitmachstationen gefordert. In einer nachgebauten Steigerbucht werden Filme gezeigt, u. a. eine verhexte Abenteuerreise für Kinder [Nationalparkhaus, Erzwäsche 1, 37444 St. Andreasberg, Tel. 05582-92 30 74, nationalparkhaus.st-andreasberg@nationalpark-harz.de, www.nationalpark-harz.de, April-Okt Mo-Fr 10-18, Sa, So 10-17 Uhr, Nov-März Di-So 10-17 Uhr, Eintritt frei].

550 Meter Rutschspaß

Um zur Sommerrodelbahn zu kommen, fahren Sie mit dem Auto zum **Matthias-Schmidt-Berg**. Mit dem Sessellift, der im Winter die Skifahrer auf den Berg befördert, geht es hinauf, bergab sausen Sie dann in Rodelschlitten. Kleine Kinder können mit einem Großen mitfahren. Auf 550 Metern geht es über Kurven nach unten, wo es ganz bestimmt heißt: noch mal! [Alberti-Lift, 37444 St. Andreasberg, Tel. 05582-265, info@alberti-lift.de, www.alberti-lift.de, April-Okt tgl. 9.30-17 Uhr bei trockenem Wetter, € 4, 5er-Karte€ 18]. Die letzte Station auf der Tour ist der kleine Ort **Sieber**, der eine große Attraktion für Familien bereit hält: den **Freizeitpark Große Wiesen**. Darunter darf man sich nun keinen Park mit Fahrgeschäften vorstellen, denn hier geht es vor allem um eins: das gemeinsame Spielen. Der schönste Spielplatz im Harz wartet nicht nur mit tollen Geräten zum Klettern auf, sondern auch mit einer 50 Meter langen Hangrutsche. Außerdem gibt es einen Minigolfplatz, auf dem die ganze Familie gegeneinander antritt. Auch Tischtennis und Boccia können gespielt werden [Große Wiesen, 37412 Sieber, Tel. 05585-322, info@ sieber-harz.de, www.sieber-harz.de, Minigolf Erw. € 2,50, Kinder € 1,50]. Sieber besitzt auch ein Freibad [Runde Wiesen 40, 37412 Sieber, Tel. 05585-411, Mai-Sep tgl. 13-19, Ferien 11-19 Uhr, Erw. € 3, Kinder (6-18 J.) € 2].

Auf der Sommerrodelbahn sind auch ohne Schnee rasante Abfahrten möglich

Tour 6: Zwei Domschätze in Halberstadt und Quedlinburg

Quedlinburg • Halberstadt • Derenburg

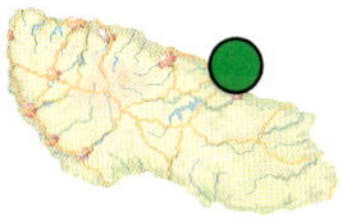

Wo: nordöstliches Harzvorland – Wie: mit dem Auto und der Bimmelbahn – Dauer: Tagesausflug – Nicht vergessen: für Kinder bis etwa 10 Jahre das Bilderbuch „Die Jagd nach dem roten Edelstein", eine Quedlinburger Detektivgeschichte

Halberstadt und Quedlinburg besitzen beide einen wertvollen Domschatz. Damit enden die Gemeinsamkeiten dann aber schon, denn während Quedlinburg eine Vielzahl von Fachwerkhäusern bewahren konnte, wurde Halberstadt zu großen Teilen bei Bombenangriffen im Zweiten Weltkrieg zerstört. Familien sollten die Stadt dennoch nicht links liegen lassen, denn mit den Spiegelsbergen, dem Tiergarten und dem Erlebnisbad SeaLand besitzt auch Halberstadt attraktive Anziehungspunkte für Kinder.

Vincents Käsekuchen

*Käsekuchen in allen Varianten gibt es in der **Käsekuchenbäckerei** von Vincent Wehrenpfennig. Neben den süßen Sorten wie Karamell-Buttermandel, Erdbeer-Vanille, Stracciatella oder Pistazie-Marzipan ist auch Deftiges mit Speck oder Bärlauch zu bekommen. Insgesamt haben Sie die Wahl zwischen 130 Sorten. Schlossberg 13, 06484 **Quedlinburg**, Tel. 03946-81 19 70, kontakt@kaesekuchenbaeckerei.de, www.kaesekuchenbaeckerei.de, tgl. 11-18 Uhr.*

Auf den Spuren der Ottonen

Die Tour beginnt in **Quedlinburg**. Der große Sandsteinfelsen, auf dem heute Schloss und Stiftskirche in die Höhe ragen, weist schon frühe Siedlungsspuren auf. Als Quitilingaburg wird der Ortsname erstmals 922 erwähnt, drei Jahre nachdem der Sachsenherzog Heinrich zum König ernannt worden war. Heinrich erkor die Burg zur Königspfalz und weilte alljährlich zu Ostern auf dem Sandstein. Nach seinem Tod 936 gründete seine Witwe Mathilde ein Damenstift auf dem Schlossberg. Ihr Sohn, Otto I., stattete es reich aus und legte somit den Grundstein für den späteren Domschatz. Bis 1802 bestand das Stift für die unverheirateten Töchter des Hochadels.

Zu Füßen des Sandsteinfelsens entwickelte sich eine Siedlung, die 994 von Otto III. das Markt-, Münz- und Zollrecht verliehen bekam. Am Marktplatz zeugt der Roland bis heute von dieser Zeit.

Hier am Markt startet eine **Bimmelbahn** zu einer Rundfahrt über das holprige Kopfsteinpflaster der schmucken Fachwerkstadt. Häuser aus sechs Jahrhunderten säumen die Straßen. Über ihre Merkmale werden die Passagiere genauso informiert wie über die Sehenswürdigkeiten der Stadt [ab Marktplatz April-Okt tgl. 10-16 Uhr, Dez-März Fr-So 11-15 Uhr, mind. zur vollen Stunde, 20. Dez-2. Jan keine Fahrten, Erw. € 6, Kinder (4-14 J.) € 2,50]. Zurück am Marktplatz können Sie sich in der Tourist-Information einen Stadtplan besorgen oder zu einer Führung anmelden [Quedlinburg Tourismus Marketing GmbH, Markt 2, 06484 Quedlinburg, Tel. 03946-90 56 24, qtm@quedlinburg.de, www.quedlinburg.de, Mai-Okt Mo-Do 9.30-18.30, Fr 9.30-20.30, Sa 9.30-16 u. 19-20.30, So 9.30-15 Uhr, Nov-April Mo-Fr 9.30-17, Sa 9.30-14 Uhr].

Schätze und Krypten

Zu Fuß geht es nun zum Schlossberg. Wenden Sie sich am südlichen Ende des Markt nach rechts in die Blasiistraße. Dort befindet sich das **Mitteldeutsche Eisenbahn- und Spielzeugmuseum**. Modelleisenbahnen in mehreren Spurgrößen gehören ebenso zum Bestand wie Puppenstuben, Kinderbücher und alte Spiele [Spielzeugmuseum, Blasiistr. 21, 06484 Quedlinburg, Tel. 03946-37 51, info@eisenbahn-spielzeug-museum.de, www.eisenbahn-spielzeug-museum.de, Mo-Sa 10-16 Uhr, April-Okt, Dez bis 17, So 11-16 Uhr, Erw. € 3,80, Kinder ab 3 J. € 2]. Folgen Sie nun weiter der Blasiistraße, wenden Sie sich am Hohen Weg nach rechts, bis Sie über die Lange Gasse und den Finkenherd den **Schlossberg** erreichen. Hier kann man sich wahrlich ins Mittelalter versetzt fühlen! In den schönen Fachwerkhäusern sind Cafés und Restaurants, das Geburtshaus des Messias-Dichters Klopstock und eine Galerie, die Werke des Bauhauskünstlers Lyonel Feininger zeigt. Ihr Weg führt Sie nun aber hinauf zur **Stiftskirche St. Servatii**. Denn hier gibt es einen Schatz zu sehen! 1129 wurde der hochromanische Bau geweiht. Etwas unheimlich ist es vielleicht in der Krypta, der Grabstätte des Königspaares Heinrich und Mathilde. In den beiden Schatzkammern befinden sich das Servatius-Reliquiar, ein Kamm aus Elfenbein, ein Flakon aus Bergkristall und viele weitere kostbare Stücke [Stiftskirche, Schlossberg 1, 06484 Quedlinburg, Tel. 03946-70 99 00, www.dornschatz quedlinburg.de, April-Okt Di-Sa 10-18, So 12-18, Nov-März bis 16 Uhr, Erw. € 4,50, Kinder ab 6 J. € 3, Krypta je € 1,50 Kombitickets mit Schloss]. Gegenüber der Kirche steht das dreiflügelige **Schloss** im Renaissancestil. Sein heutiges Gesicht stammt aus dem 16. bis 18. Jahrhundert, als die unverheirateten Töchter des Adels hier unterkamen. Wie diese lebten, zeigen der Blaue Saal oder das Audienzgemach. Auch auf „Die Spuren der Ottonen" können Sie sich begeben oder den Raubgrafenkasten bestaunen. Darin soll der Regensteiner Graf Albrecht mehrere Wochen auf dem Quedlinburger

Die Quedlinburger Altstadt ist eines der größten deutschen Flächendenkmäler

Ein verschwundener Schatz

Während des Zweiten Weltkriegs wurde der wertvolle Domschatz in der Altenburg-Höhle vor der Stadt versteckt. Joe Meador, ein Soldat aus Texas, fand jedoch einige Stücke und schickte sie per Feldpost nach Hause. Erst 1991 tauchte das Samuhel-Evangeliar wieder auf, weil die Erben des Soldaten es verkaufen wollten. Für mehrere Millionen D-Mark wurden schließlich zehn Objekte zurückgegeben, zwei werden wohl für immer verschollen bleiben ...

Marktplatz gefangen gehalten worden sein [Schlossmuseum, Schlossberg 1, 06484 Quedlinburg, Tel. 03946-905-681, Schlossmuseum@quedlinburg.de, www.quedlinburg.de, April-Okt Di-So 10-18 Uhr, Nov-März 10-16 Uhr, Erw. € 4, Kinder € 2,50].

Pumas in den Spiegelsbergen

Verlassen Sie nun Quedlinburg und machen Sie sich auf den Weg in das 15 Kilometer entfernte **Halberstadt** [Halberstadt Information, Hinter dem Rathaus 6, 38820 Halberstadt, Tel. 03941-55 18 15, info@halberstadt.de, www.halberstadt.de, Mo-Fr 10-18, Sa 10-13 Uhr, Mai-Okt Sa bis 14 und So 10-13 Uhr]. Schon aus der Ferne ist ersichtlich, was Halberstadt geprägt hat: die Ernennung zum Bischofssitz im Jahre 804. Denn die Türme vom Dom, der Martinikirche und der Liebfrauenkirche ragen weit in den Himmel hinein. Der hiesige Domschatz steht dem in Quedlinburg in nichts nach, doch zunächst sind Ihre Kinder dran! Darum geht es nun in die **Spiegelsberge**, ein Naherholungsgebiet am südlichen Ortsrand. Freiherr von Spiegel wandelte die einst kahlen Berge ab 1761 zu einem Landschaftspark mit Bismarckturm, Grotten und Höhlen um. Nach einem Spaziergang lädt das **Jagdschloss** zur Einkehr ein (siehe Kasten). In den Spiegelsbergen befindet sich außerdem der **Tiergarten**. Kängurus, Pumas und Erdmännchen gehören u. a. zu den 250 Tieren, die hier zu Hause sind. Im Streichelgehege dürfen Esel, Ponys und Schafe hautnah betrachtet werden. Bei Hunger und Durst hilft die **Waldschänke** weiter, gleich nebenan liegt der Spielplatz. [Tiergarten, Spiegelsberge 4, 38820 Halberstadt, Tel. 03941-241 32, tiergarten@halberstadt.de, www.halberstadt.de, April-Sep tgl. 9-19 Uhr, Okt-März 9-17 Uhr, Erw. € 4, Kinder bis 5 J. € 1, 6-14 J. € 2, Familien € 10].

Schlemmen im Jagdschloss

Ernst von Spiegel ließ das ***Jagdschlösschen*** *auf einem Bergkamm erbauen. Heute können Sie dort fürstlich und mit weitem Blick ins Tal speisen. Im Keller befindet sich das älteste Riesenfass. Es wurde 1594 gebaut und fasst 140.000 Liter! Auf der Kinderkarte stehen Schnitzel, Nuggets und Nudeln. Spiegelsberge 6, 38820* ***Halberstadt****, Tel. 03941-58 39 95, info@jagdschloss-halberstadt.de, www.jagdschloss-halberstadt.de, Di-So ab 11 Uhr.*

Ein Tipp: Am Rand der Spiegelsberge können Familien einen abenteuerlichen Tag im Erlebnisbad SeaLand (siehe S. 93) ausklingen lassen.

Der Nikolaus-Finger und Dinosaurier am Domplatz

Ansonsten geht es jetzt ins historische Zentrum von Halberstadt, zum **Domplatz**. Der lange Platz wird auf der einen Seite vom Dom St. Stephanus und St. Sixtus eingenommen. Lassen Sie doch Ihre Kinder mal raten: Wie lang ist wohl der Dom? (100 Meter).Wie lange hat man an ihm gebaut? (250 Jahre: 1236-1486). Wer findet die Löwen (am Taufstein), den Drachen (am Lettner, der den Kirchenraum vom Chorraum trennt) und das Büchergitter (im Umlauf des Chors, einst Schutz der wertvollen Bibel)? Übrigens bildet der gotische Halberstädter Dom einen schönen Kontrast zur romanischen Stiftskirche in Quedlinburg. Für den Domschatz wurde ein eigener Ausstellungsbereich geschaffen, in dem nun z. B. das Armreliquiar des heiligen Nikolaus zu sehen ist. Darin befindet sich ein Finger des alljährlich am 6. Dezember herbeigesehnten Mannes ... [Dom, Domplatz 16a, 38820 Halberstadt, Tel. 03941-242 37, mail@dom-und-domschatz.de, www.dom-und-domschatz.de, April-Okt Mo-Fr 10-17.30, Sa 9-18 Uhr, Domschatz Mo geschl., Nov-März Di-Sa 10-16, So 11-16 Uhr, Eintritt: Dom frei, Domschatz mit oder ohne Führung € 8, Kinder bis 16 J. frei, Audioguide (auch für Kinder) € 1]. Gegenüber vom Dom erhebt sich die **Liebfrauenkirche**. Sie besitzt vier Türme! Einer davon darf im Sommer bestiegen

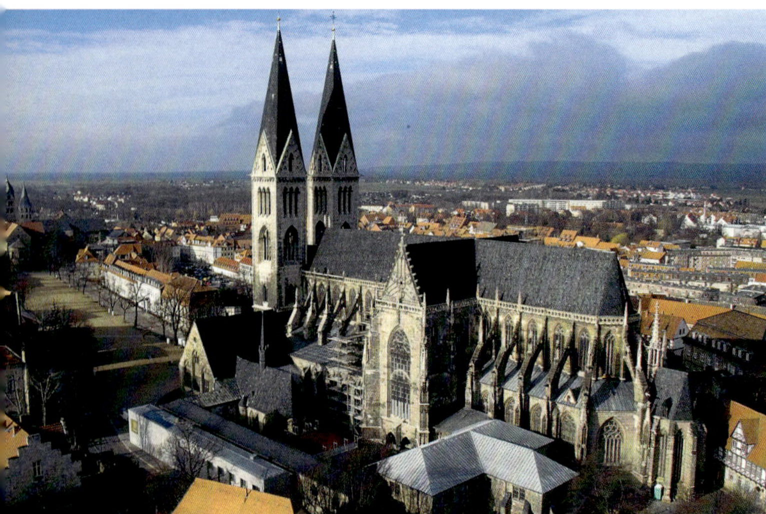

In den Fenstern des Halberstädter Doms leuchten 290 mittelalterliche Glasmalereien

und bietet Ihnen einen tollen Blick auf Halberstadt. Der romanische Bau stammt aus dem 12. Jahrhundert.
Auch müde Kinder lassen sich mit der Aussicht auf Dinosaurierskelette noch ins **Heineanum** locken. Das ist ein an das Städtische Museum angeschlossenes Vogelkundemuseum. Den Auftakt bilden zwei Skelette der Urzeitriesen, die man nahe Halberstadt ausgegraben hat. Außerdem zeigt Ferdinand Heines Sammlung, wie sich daraus der Urvogel Archäopteryx und viele weitere Vogelarten entwickelten. Einheimische Nachtigallen, Habichte und Zaunkönige sind da genauso zu sehen – und zu hören – wie der exotische Paradiesvogel oder der Kolibri [Heineanum, Domplatz 36/37, 38820 Halberstadt, Tel. 03941-55 14 61, heineanum@halberstadt.de, www.heineanum.de, April-Okt Di-So 10-17 Uhr, Nov-März 10-16 Uhr. Kombiticket mit Städt. Museum und Schraube-Museum Erw. € 6,50, Kinder (ab 6 J.) € 2].

Höhlenmenschen

Noch bis 1916 wohnten Menschen in den Sandsteinhöhlen oberhalb von Langenstein. Wie das aussah, können Sie sich vorstellen, wenn Sie am Ölmühlenteich den felsigen Steig hinaufgehen. Da gab es kein fließendes Wasser, und geheizt wurde mit einem eisernen Ofen. Der Weg führt schließlich zu den Ruinen der Altenburg. Von hier bietet sich ein schöner Blick über das Harzvorland. Wie wäre es mit einem Picknick?

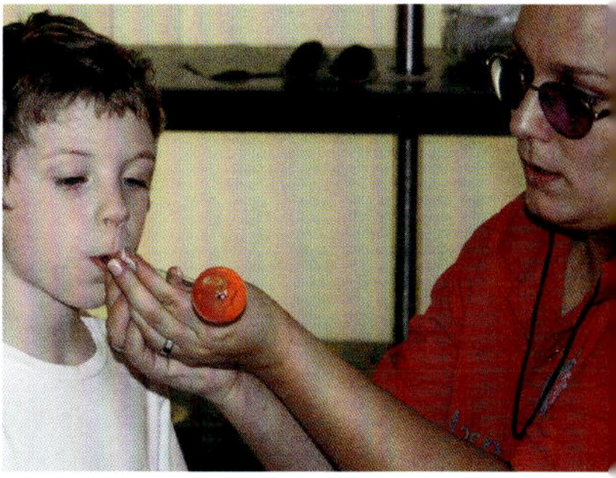

Eine selbst geblasene Glückskugel ist ein tolles Souvenir aus dem Harz

Wer hat das Glas erfunden?

Letzte Station auf der Rundfahrt ist **Derenburg.** Wenn Sie Halberstadt über die B81 in Richtung Wernigerode verlassen, sind Sie auf dem richtigen Weg. Vor Langenstein biegen Sie rechts ab und durchfahren Derenburg Richtung Silstedt. Auf der rechten Seite sehen Sie bald die **Glasmanufaktur Harzkristall.** Bei der 30-minütigen Führung erfahren Sie nicht nur, woraus Glas eigentlich besteht und wer es erfunden hat, sondern dürfen auch ganz aus der Nähe zuschauen, wie die Glasbläser Vasen oder Rosenkugeln zaubern. Während Sie im Bistro oder auf der Terrasse entspannen, können Ihre Kinder munter auf dem Erlebnisspielplatz toben. Wer selbst mal zum Glasbläser werden möchte, kann für 6 Euro in der Schauwerkstatt eine eigene Dekokugel gestalten, auch Kinder ab etwa 6 Jahren sind dazu eingeladen [Harzkristall, Im Freien Felde 5, 38895 Derenburg, Tel. 039453-68 00, info@harzkristall.de, www.harzkristall.de, Führungen tgl. 10.30-15.30 Uhr, Erw. € 4, Kinder (6-16 J.) € 2,50, Familien € 10].

Tour 7: Wernigerode, die bunte Stadt im Harz

Wernigerode: Schlossbahn • Schloss, Krummelsches Haus • Marktplatz Waldhofbad/Harzmuseum oder Liebfrauenkirche und Kleinstes Haus Christianental • Bürgerpark und Kleiner Harz

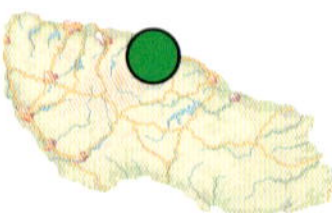

Wo: am nordöstlichen Harzrand – Wie: Anfahrt mit Auto oder Bahn, im Ort mit Bimmelbahn und zu Fuß – Dauer: Tagesausflug, auch als 2-Tages-Ausflug möglich – Nicht vergessen: Fotoapparat, evtl. Badesachen

Als „bunte Stadt am Harz" hat Hermann Löns Wernigerode schon 1907 bezeichnet. Bunt ist die Stadt noch immer, besonders rund um den Marktplatz mit seinen verzierten Fachwerkhäusern und dem Rathaus, das so gar nicht wie ein Rathaus ausschauen mag. Über allem thront das Schloss, als wäre es direkt einem Märchen entsprungen. Nicht nur das wird

Wie in einem Bilderbuch: der Marktplatz und das Rathaus in Wernigerode

auch Ihren Kindern gefallen. Auf dem Programm stehen bei der heutigen Tour außerdem eine Fahrt mit der Bimmelbahn und ein Besuch im Tierpark. Zum Abschluss zeigt sich der ganze Harz mal winzig klein. Reichliche Spielzeiten sind ebenfalls eingeplant. Weil es recht viel zu sehen gibt, kann die Tour auch auf zwei Tage aufgeteilt werden.

Hinauf zum Schloss

Ihren Wagen lassen Sie am besten gleich auf dem Parkplatz „Am Anger" stehen – wenn Sie die B6 über die Abfahrt „Wernigerode-Zentrum" verlassen, nach 1,5 Kilometern auf der rechten Seite. Dort fährt direkt die **Schlossbahn** ab, die Sie hinauf zur größten Sehenswürdigkeit der Stadt bringt, dem **Schloss Wernigerode**. Während der Fahrt am Lustgarten und der Orangerie vorbei erfahren Sie einiges über die Geschichte von Wernigerode [Wernigeröder Schlossbahn, Breite Str. 70, 38855 Wernigerode, Tel. 03943-60 60 00, info@schlossbahn.de, www.schlossbahn.de, Mai-Okt tgl. 9.30-18 Uhr, alle 25 Min., Nov-April 9.50-17 Uhr alle 30 Min., Kinderprogramm 16.35, 17 u. 17.25 Uhr, Rückfahrkarte Erw. € 5, Kinder bis 12 J. € 2]. Auf dem Agnesberg ließen schon die mittelalterlichen Kaiser eine Burg bauen. Sie sollte zu ihrem Schutz bei Jagdausflügen dienen. Sein heutiges Äußeres erhielt das Schloss vor allem durch Otto zu Stolberg-Wernigerode. Der Graf, Bismarcks Stellvertreter und Vizekanzler des Deutschen Reiches, ließ die Anlage im Stil des Historismus umbauen und wohnte dort mit seiner Familie bis zu seinem Tod 1896. Bei zwei Rundgängen durch mehr als 40 herrschaftlich möblierte Räume kann man sich gut vorstellen, wie das aussah. Seidendamast und Japanleder zieren die Wände der Schlafzimmer, in den Königszimmern schlief gar Kaiser Wilhelm I., der mehrmals auf dem Schloss zu Gast war, und im Festsaal meint man fast, das Geschirr klappern zu hören. Für eine Pause zwischen den Rundgängen bietet sich das **Schlosscafé** an. Vom Vorplatz des Schlosses blicken Sie weit in die Landschaft und auf Wernigerode, wohin es nun wieder mit der Schlossbahn geht [Schloss Wernigerode, Am Schloss 1, 38855 Wernigerode, Tel. 03943-55 30 30, schloss-wr@t-online.de, www.schloss-wernigerode.de, Mai-Okt tgl. 10-18 Uhr, Nov-April Di-Fr 10-16, Sa, So 10-18 Uhr, Erw. € 6, Kinder (6-14 J.) € 2,50, Familien € 14,50].

Freier Eintritt

*Viel Geld lässt sich mit der **HarzCard** sparen. Mit ihr erhalten Sie freien Eintritt an über 120 Orten, z. B. im Schloss Wernigerode, im Bürgerpark und im Harzmuseum. Aber natürlich gehören viele weitere Einrichtungen im gesamten Harz zu den teilnehmenden Partnern. Die HarzCard gilt 48 Stunden und kostet € 29, Kinder (5-14 J.) zahlen € 19. Außerdem ist die 4-Tage-Karte erhältlich (Erw. € 59, Kinder € 39). Bei dieser Variante ist sogar die Fahrt zum Brocken enthalten.*

Quer durch Wernigerode

Da die Schlossbahn den Rückweg auf einer anderen Strecke antritt, können Sie

Wahrzeichen der Stadt: Das Schloss Wernigerode thront auf dem Agnesberg

gleich noch einen Blick auf das **Christianental** werfen, das später noch auf dem Programm steht. An der Haltestelle Breite Straße steigen Sie aus! Hier können Sie sich das **Krummelsche Haus** anschauen. Das 1674 von dem Kornhändler Heinrich Krummel erbaute Haus ist über und über mit Schnitzereien bedeckt. Wer findet das Nilpferd und das Krokodil? Zu Fuß gehen Sie nun die Breite Straße entlang bis zum **Marktplatz**. Dabei passieren Sie den Nicolaiplatz, an dessen Ecken vier Sprech-und-Hörrohre installiert wurden. Versuchen Sie doch einmal, sich über die Rohre zu unterhalten! Ein Stück weiter an der Breiten Straße steht das **Café Wien**, ein hübsches Fachwerkhaus von 1583. Nur wenige Meter weiter öffnet sich der Marktplatz, und sofort fällt der Blick auf das **Rathaus**. Am Seiteneingang befindet sich die **Tourist-Information**, in der Sie sich, wenn nötig, mit weiteren Tipps oder einem Stadtplan versorgen können [Tourist-Information Wernigerode, Marktplatz 10, 38855 Wernigerode, Tel. 03943-553 78 35, info@wernigerode-tourismus.de, www.wernigerode-tourismus. de, Nov-Aril Mo-Fr 9-18, Mai-Okt bis 19, Sa 10-16, So 10-15 Uhr]. Führungen durch das Rathaus finden mehrmals im Monat mit der historischen Figur des Thomas Hilleborch statt. Die Termine erfahren Sie ebenfalls bei der Tourist-Information [Erw. € 6,30, Kinder bis 12 J. € 4,30]. Mit seinen beiden Erkertürmchen, der Freitreppe und dem Fachwerk über dem steinernen Erdgeschoss sieht das Rathaus auf jeden Fall sehr repräsentativ aus. Dabei diente es ursprünglich nicht als Versammlungsort der edlen Ratsherren, sondern als „Spelhus". Hier wurde seit dem 13. Jahrhundert gefeiert und getanzt, auch Gerichtstage wurden hier abgehalten. Als das alte Rathaus aber 1528 abbrannte, wurde das Spielhaus umgebaut und erhielt sein heutiges Gesicht. Interessant ist der Figurenschmuck. An den Knaggen sind Handwerker, Heilige und Narren dargestellt. Wer findet den Schornsteinfeger und den Bäcker zuerst?

Tipps für jedes Wetter

Nun haben Sie die Wahl, und die hängt vielleicht auch vom Wetter ab. Ist es heiß, bietet sich das **Waldhofbad** zur Erfrischung an. Um zu dem Freibad mit Rutsche und Sprungbrettern zu gelangen, gehen Sie über die Westernstraße und folgen dann der Ilsenburger Straße. Vom Marktplatz aus haben Sie eine 700 Meter lange Strecke vor sich [Waldhofbad, Waldhofstraße 4, 38855 Wernigerode, Tel. 03943-63 28 68, Mai-Sep tgl. 10-18 Uhr, Ferien Sa-Do 9-18, Fr 7-18 Uhr, Erw. € 2,50, Kinder (2-18 J.) € 1,50]. Es regnet? Dann haben Sie es trocken im **Harzmuseum**. Das Museum ist über die Straße Klint neben dem Rathaus schnell erreicht. Hier befindet sich übrigens der älteste Stadtteil von Wernigerode, und an der Klintgasse kann man gleich noch das **Schiefe Haus** anschauen. Da kann man sich nur wundern, dass dieses Haus noch steht ... Doch zurück zum Harzmuseum. Es informiert sowohl über den Harz mit seiner Geschichte, Flora und Fauna als auch über die Stadtgeschichte Wernigerodes. Kinder finden die Bergbaumodelle genauso spannend wie die alten Telefone, an denen sich weitere Infos abrufen lassen. Sogar die Vögel des Harzes kann man zum Zwitschern bringen [Harzmuseum, Klint 10, 38855 Wernigerode, Tel. 03943-65 44 54, harzmuseum@stadt-wernigerode.de, www.wernigerode.de, Mo-Sa 10-17 Uhr, Erw. € 2, Kinder (7-17 J.) € 1,30]. Ist es klar und trocken, und Sie wollen Wernigerode auf die Dächer schauen? Das ist vom Turm der **Liebfrauenkirche** möglich. Vom Rathaus aus folgen Sie der Marktstraße und biegen links in die Oberengengasse ab. Diese führt direkt zur Liebfrauenkirche. Ein herrlicher Blick erwartet Sie oben, und vielleicht nistet auch gerade der Turmfalke im vierten Erker [Liebfrauenkirchhof, 38855 Wernigerode, Infos beim Türmer Wolfgang Piechota, Tel. 03943-60 16 90, piechota@web.de, www.der-tuermer-wr.de, März-Dez nach Wetterlage Sa 10-17, So 13-17 Uhr, € 2 ab 12 J.].

Von hier ist es nicht weit zum **Kleinsten Haus** der Stadt. Gehen Sie dazu die Oberengengasse zurück, und biegen Sie links in die Kochstraße ein. Am Ende erwartet

Kartoffeln und mehr

Rund um den Marktplatz finden Sie vom edlen Gothischen Haus über den Ratskeller bis zur Pizzeria alles, was der hungrige Magen begehrt. Etwas abseits vom Trubel schmeckt es lecker im Altwernigeröder Kartoffelhaus. Wildschweinbraten steht ebenso auf dem Programm wie leckere Kartoffelgerichte.
***Altwernigeröder Kartoffelhaus**, Marktstr. 14, 38855 Wernigerode, Tel. 03943-94 92 90, info@appart-hotel.de, www.appart-hotel.de.*

Stadtrallye

Die Wernigerode Tourismus GmbH bietet auf ihrer Internetseite eine ***Stadtrallye*** *zum Download an, auf www.wernigerode-tourismus.de unter Sehenswertes/Stadterkundungen. Sie wird empfohlen ab 10 Jahren, doch auch jüngere Kinder können die Aufgaben zusammen mit ihren Eltern lösen! Da kann man z. B. herausfinden, wer die Elwetritsch ist und wo sich der Kunstschlecker befindet. Insgesamt gibt es zehn Aufgaben zu lösen.*

Sie das Kleinste Haus. In dem nur 2,95 Meter breiten Häuschen lebten zeitweise neun Menschen [Kochstr. 43, 38855 Wernigerode, Tel. 03943-60 60 16, Di-Fr 11-15, Sa, So 10-16 Uhr, € 1 pro Person]! Von wo auch immer Sie nun kommen – der nächste Weg führt über die Breite Straße zum Parkplatz zurück. Mit dem Auto geht es nun ins **Christianental** im Ortsteil Nöschenrode. Marder, Wildkatze, Iltis und Luchs sind hier ebenso zu Hause wie Wildschwein, Waldohreule und Eichelhäher. Der Tiergarten war einst Bestandteil der Grafschaft Wernigerode und wurde nach Graf Christian Ernst benannt. In der **Waldgaststätte** sind auch Kindergerichte auf der Speisekarte. Da schmeckt Pippi Langstrumpfs Leibgericht (Nudeln) genauso gut wie Batmans Kraftsnack (Schnitzel) oder Schnatterinchens Entengrütze (Milchreis) [Christianental 43, 38855 Wernigerode, Tel. 03943-251 71, info@christianental-wernigerode.de, www.christianental-wernigerode.de, Erw. € 1, Kinder€ 0,50, Streichelzoo nur Mo-Fr 7-16 Uhr, Gaststätte tgl. April-Okt 10-20, Nov-März 10-18 Uhr].

Aus der Riesen-Perspektive

Eine weitere Attraktion von Wernigerode ist der 2009 eröffnete **Miniaturenpark Kleiner Harz**, der direkt an den Bürgerpark grenzt. Mit dem Auto sind Sie in wenigen Minuten am Dornbergsweg. Im Maßstab 1:25 wurden mehr als 50 Gebäude aus dem Harz nachgebaut. Da dürfen sich auch die Kleinen mal ganz groß fühlen! Ob Kaiserpfalz in Goslar, Burg Falkenstein, der Brocken, Kloster Walkenried oder die Seilbahnen Thale – alle sind sie in sorgfältiger Arbeit nachgebaut worden. Das Schloss von Wernigerode lässt sich übrigens gleichzeitig zweimal sehen: oben auf dem Berg im Original, im Kleinen Harz en miniature. Wie die

Wildes Wasser

Eine Wanderung über Stock und Stein führt zur Steinernen Renne. Am Bahnhof im Ortsteil Hasserode beginnt der Weg an der Holtemme. Nach knapp drei Kilometern ist das Restaurant ***Steinerne Renne*** *erreicht, an dem es wild-romantisch plätschert. Hier können Sie sich nicht nur stärken, sondern auch mehr als 100 Modelleisenbahnen bewundern.* ***Steinerne Renne*** *67, 38855 Wernigerode, Tel. 03943-60 75 33, post@steinerne-renne.de, www.steinerne-renne.de, tgl. 10-18 Uhr.*

Die Kaiserpfalz mal von oben betrachten? Im „Kleinen Harz" ist es möglich!

kleinen Bauten entstehen, können Sie in der Schauwerkstatt beim Parkrestaurant hautnah verfolgen! Im **Bürgerpark**, für den der Eintritt gleich mit gilt, lässt sich zum Tagesausklang noch einmal eine Spielpause einlegen. Buddeln im Riesen- und Zwergenland, Minigolf spielen an der Zaunwiese, Wippen im Schwingenden Garten oder Klettern am Schäferhaus, wo das Parkrestaurant noch einmal zur Stärkung einlädt, stehen zur Auswahl. Auch ein Besuch im Tiergehege kommt bei den Kleinen immer gut an [Kleiner Harz, Dornbergsweg 27, 38855 Wernigerode, Tel. 03943-40 89 10 11, info@wernigeroe der-buergerpark.de, www.wernigeroeder- buergerpark.de, März tgl. 9-16 Uhr, April, Okt 9-18 Uhr, Mai-Sep 9-19 Uhr, Miniaturen nur April-Okt, Erw. € 6, Kinder (6-16 J.) € 4, Familien € 15, nur Bürgerpark Erw. € 2, Kinder € 1].

Schichtweise gebacken

Wenn Ihre Familie Baumkuchen mag, sollten Sie einen Abstecher zum **Café Friedrich** machen. Schon das Gebäude sieht aus wie zwei riesige Baumkuchen, darin gibt es viele köstliche Varianten. Jeden Freitag und Samstag können Sie beim Schaubacken genau verfolgen, wie so ein Baumkuchen entsteht – und natürlich auch mal probieren. Eine kleine Ausstellung informiert außerdem über die Geschichte des Baumkuchens. Sie finden das Café, wenn Sie in Richtung Ilsenburg fahren und dann rechts auf die Hasseröder Straße zur B6 abbiegen [Baumkuchenhaus Nr. 1, Neustadter Ring 17, 38855 Wernigerode, Tel. 03943-63 27 26, harzer-baumkuchen@gmx.net, www.harzer-baumkuchen-friedrich.de, Café Mo-Sa 10-18, So 12-18, Schaubacken Fr, Sa 14-16 Uhr, Eintritt frei].

Tour 8: Hohe Felsen, fliegende Falken und hohe Mauern im Nordosten

Blankenburg mit Regenstein • Wendefurth • Rappbodetalsperre Rübeland • Elbingerode

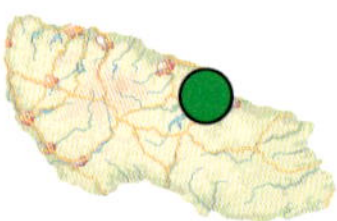

Wo: am nordöstlichen Harzrand – Wie: mit dem Auto – Dauer: Halbtagesausflug – Nicht vergessen: Fotoapparat

Eine Burgruine mit Höhlenräumen, fliegende Falken und eine riesige Staumauer sind das Ziel dieser Tour im Ostharz. Von Blankenburg am Harzrand führt sie nach Wendefurth, zur Rappbodetalsperre und weiter zu den Rübelander Tropfsteinhöhlen und ins Schaubergwerk Büchenberg bei Elbingerode.

Barocke Lebensart

Dort, wo sich heute **das Große Schloss von Blankenburg** erhebt, stand schon im 12. Jahrhundert eine Burg. Namensgebend war der blanke Kalkfelsen, auf dem sie erbaut wurde. Hier wie auch auf der nahen Burg Regenstein herrschten die Regensteiner Grafen. 1599 wurde Blankenburg zur Residenz der Braunschweiger Herzöge. Aus der Burg wurde ein Renaissanceschloss. Vor allem unter Herzog Ludwig Rudolf fanden zahlreiche weitere Umbaumaßnahmen statt. Das Schloss wurde zur barocken Residenz, die barocken Gärten entstanden, ebenso das Kleine Schloss. In diesem befindet sich die **Tourist-Information der Stadt Blankenburg**. Ein Spaziergang durch die barocken Gärten macht auch Kindern Spaß, denn im Berggarten befindet sich ein kleiner Aussichtsturm und im Fasanengarten leben verschiedene Arten der hübschen Hühnervögel. Eine Esskastanienallee führt hinauf zum Großen Schloss [Tourist-Information Blankenburg, Schnappelberg 6, 38889 Blankenburg, Tel. 03944-28 98, touristinfo@blankenburg.de, www.blankenburg.de, ganzjährig Mo-Sa 10-17 Uhr, Mai-Okt zusätzlich So, Feiertage 14-17 Uhr].

Schlossbesichtigung

Das Große Schloss kann samstags bei einer Führung besichtigt werden. Nachdem es jahrelang verfiel, bemüht sich heute ein Verein um die Räumlichkeiten. Der Graue Saal oder das Ritterzimmer lassen die einstige Schönheit erahnen. Für Kinder gibt's ein Quiz auf der Eintrittskarte. ***Großes Schloss****, 38889* ***Blankenburg****, Tel. 03944-36 83 75, touristinfo@blankenburg.de, www.rettung-schlossblankenburg.de, März-Dez Sa 14-16 Uhr, € 3, Kinder (6-15 J.) € 1.*

Die Höhlen-Grafen

Wenn Sie – oder Ihre Kinder – sich weniger für barocke Schönheit interessieren, sollten Sie sich gleich zur **Burg Regenstein** begeben. Stolz und mächtig erhob sie sich seit dem 12. Jahrhundert auf einem 294 Meter hohen Sandsteinfelsen. Auch wenn die Türme und Gebäude nicht erhalten sind, ist die Größe der Anlage gut zu erkennen. Überall lassen sich neue Wege erkunden und vor allem die Sandsteinhöhlen erforschen. Direkt in den Fels bauten die Grafen nämlich ihre Wohnräume, ihre Hofstube und Burgkapelle. Im 15. Jahrhundert siedelten sie dann doch in ihr vielleicht bequemeres Schloss nach Blankenburg um, und die Burg verfiel, ehe die Preußen kamen und sie zu einer Festung ausbauten. Bastionen, Stallungen und Magazine entstanden. Mithilfe eines Lageplans, den Sie am Eingang erhalten, können Sie erkennen, welche Teile zur mittelalterlichen Burg und welche zur preußischen Festung gehörten [Burg Regenstein, 38889 Blankenburg, Tel. 03944-612 90, touristinfo@blankenburg.de, www.blankenburg.de, April-Okt tgl. 10-18 Uhr, Nov-März Mi-So 10-16 Uhr, Erw. € 3, Kinder (6-18 J.) € 1,50].

Könige der Lüfte

Am Eingang von Burg Regenstein geht es zu einer weiteren Attraktion: dem **Ritterlichen Adler- und Falkenhof**. Vor der Kulisse der Burg fliegen hier Geier und Bussarde, Falken und Adler. Dabei erfahren die Zuschauer nicht nur eine Menge über die Könige der Lüfte, sondern dürfen auch selbst aktiv werden. Wer sich traut, füttert den Geier, trägt den Falken oder streichelt die Bartkäuze Max und

Zum Ausruhen und Bestaunen: barocker Garten beim Kleinen Schloss

Moritz [Falkenhof auf Burg Regenstein, 38889 Blankenburg, Tel. 0160-92 70 41 99, Falkenhof.BurgRegenstein@freenet.de, www.falkenhof-harz.de, Osterferien-Okt Di-So 11 und 15 Uhr bei trockenem Wetter, Ferien auch 13.30 Uhr, Erw. € 6, Kinder bis 7 J. € 1, bis 16 J. € 4].

Großmutter und der Teufelskessel

Sollten Sie mehr Zeit für Blankenburg einplanen, können Sie eine Wanderung auf der **Teufelsmauer** unternehmen. Die bizarre Felsformation zieht sich von Blankenburg über Weddersleben bis Ballenstedt. Am Schnappelberg beginnt bei der **Gaststätte am Großvater** der Weg, der wahlweise auf dem Kamm oder unten am Fuß genommen werden kann. Spannender ist es natürlich oben! Großvater und Großmutter heißen gleich die ersten hoch aufragenden Felsen. An weiteren Gebilden mit lustigen Namen wie Schweinekopf oder Teufelskessel geht es über vier Kilometer bis zum Hamburger Wappen. Der Name kommt von den drei Felsen, die nebeneinander aufragen wie die Türme im Wappen der Hansestadt. Sind Ihren Kindern schon einmal die reisenden Handwerksgesellen aufgefallen, die in schwarzer Kleidung und mit Hut unterwegs sind? Noch heute gehen etwa 500 junge Männer und auch Frauen jährlich auf die Walz. Wie ihre Kollegen vor 100 Jahren unterkamen, zeigt die Historische Gesellenherberge, das **Herbergsmuseum in Blankenburg**. Das in Deutschland einzigartige Museum befindet sich in einem Fachwerkhaus von 1684. Waschhaus, Herbergsküche und Logierzimmer sind ebenso zu besichtigen wie die typische Kluft und verschiedene Charlottenburger. In diese bunt bedruckten Tücher wickelten die Gesellen ihr Hab und Gut ein [Herbergsmuseum, Bergstr. 15, 38889 Blankenburg, Tel. 03944-36 50 07, www.blankenburg.de, Mo-Fr 10-17 Uhr, € 1 ab 6 J.].

Ruinen der Burg Regensburg: Die Umrisse sind noch gut zu erkennen

Speisen im Kloster

Vor den Toren Blankenburgs liegt das Kloster Michaelstein, das ein Museum für Musikinstrumente beherbergt und einen schönen Kräutergarten besitzt. Auf der Speisekarte oder am Kuchenbuffet im ***Restaurant Cellarius*** *finden Sie bestimmt etwas nach Ihrem Gusto! Cellarius, Michaelstein 3a, 38889* ***Blankenburg****, Tel. 03944-36 64 66, info@cellarius-blankenburg.de, www.cellarius-blankenburg.de, Di-Fr 11-18 Uhr, Sa, So ab 11 Uhr.*

Stauseen und Talsperren

Von Blankenburg aus fahren Sie nun über die B81 in Richtung Hasselfelde. Ein Zwischenstopp bietet sich in **Wendefurth** an. Die Talsperre dort gehört zu einem aufwendigen System, in dessen Mittelpunkt die Rappbodetalsperre steht. Im Gegensatz zur dortigen Staumauer kann die in Wendefurth besichtigt werden [Informationszentrum Am Stausee, 38889 Wendefurth, Tel. 03944-94 22 36, info@talsperren-lsa.de, www.talsperren-lsa.de, April-Okt Mi 14, Sa 11 Uhr, Erw. € 3, Kinder ab 6 J. € 2].

Oder haben Sie Lust, auf dem Stausee zu schippern? Der **Bootsverleih** von Jürgen Klinger hat Ruder-, Paddel- und Tretboote im Angebot. Jeden Mittwoch um 11 Uhr und Donnerstag um 15 Uhr geht es mit dem Floß über den See. Für eine Stärkung sorgt seine schwimmende Gaststätte [Bootsverleih und Gaststätte Zum Hecht, Am Stausee 2, 38889 Wendefurth, Tel. 0171-408 29 72, klinger-bootsverleih@t-online.de, www.wendefurther-bootsverleih.de, April-Okt tgl. ab 9 Uhr]. Zwei Kilometer weiter sind Sie schon an der **Rappbodetalsperre**. Zum Parkplatz kommen Sie direkt über die Staumauer, auf der die Straße verläuft. Sie ist mit 106 Metern die höchste Staumauer Deutschlands. Auch die Länge von 415 Metern kann sich sehen lassen! Es lohnt sich, noch einmal zu Fuß über die Mauer zu spazieren. Vom Parkplatz aus führt auch ein Weg zu einem Aussichtspunkt. Schautafeln und Referenten des Vereins Harzer Urania informieren über die Talsperre [April-Okt ab 9.30 Uhr, Erw. € 2, Kinder bis 14 J. € 1].

So entstand die Teufelsmauer

Einst stritten der Teufel und Gott um die Herrschaft auf der Erde. Der Teufel sollte den Harz in seinen Besitz bekommen, wenn er bis zum ersten Hahnenschrei eine Grenzmauer gezogen hätte. So arbeitete er die ganze Nacht. Da kam eine Bauersfrau des Weges und stolperte über einen Stein. Der Hahn in ihrem Korb begann vor Schreck zu krähen. Weil der Teufel mit seiner Mauer noch nicht fertig war, zerstörte er alles aus Wut. Übrig blieben zerstreute Steine – die Teufelsmauer.

Der acht Kilometer lange Rappbodestausee ist die größte Talsperre im Harz

Ins Innere der Erde

Nur wenige Kilometer weiter lassen sich in **Rübeland** die Tropfsteine in der **Baumanns- und Hermannshöhle** (siehe S. 88) bewundern. Ins Innere der Erde geht es auch im **Schaubergwerk Büchenberg** bei **Elbingerode**. Sie finden es, wenn Sie von Elbingerode aus auf der B244 Richtung Wernigerode fahren. Zwischen 1936 und 1970 förderte man hier Eisenerz und brachte es mit der längsten Industrieseilbahn Europas zur Weiterverarbeitung nach Minsleben. Während der rund 90-minütigen Führung werden Maschinen im Betrieb vorgeführt und die Arbeit im Bergbau genau erklärt [Schaubergwerk Büchenberg, Büchenberg 2, 38875 Elbingerode, Tel. 039454-422 00, info@schaubergwerk-buechenberg.de, www.schaubergwerk-buechenberg.de, Führungen tgl. 10, 12, 14 und 16 Uhr, Erw. € 7, Kinder (4-16 J.) € 4, Familien € 20, auch Kombikarten mit Rübelander Tropfsteinhöhlen].

Tour 9: Klettern, Seilbahn fahren und Tiere gucken – Thale mit Hexentanzplatz und Bodetal

Thale: Funpark • Seilbahn • Hexentanzplatz • Harzbob • Tierpark Bodetal • Rosstrappe • Aktiv-Spiel-Haus

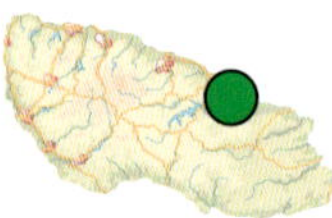

Wo: im nördlichen Ostharz – Wie: mit dem Auto, per Seilbahn und zu Fuß – Dauer: Halbtages- oder Tagesausflug – Nicht vergessen: Fotoapparat

Tief in die schroffen Felsen hat sich die Bode am nordöstlichen Harzrand ihr Bett gegraben. Am Ausgang der Schlucht liegt das Städtchen Thale. Mit dem Bodetal, dem Hexentanzplatz und der Rosstrappe hat sie bekannte Naturschönheiten zu bieten, doch auch die jüngeren Teilnehmer an dieser Tour kommen garantiert auf ihre Kosten, stehen doch eine Seilbahnfahrt, eine Sommerrodelbahn und ein Tierpark auf dem Programm.

Dorp to dem Dale

Lange bevor sich **Thale** im 19. Jahrhundert zu einem Heilbad entwickelte, gab es hier schon ein Kloster, zu dessen Füßen das „Dorp to dem Dale" entstand. Ab dem 15. Jahrhundert wurde Eisen verhüttet, später war der Ort bekannt für seine Emailleproduktion. Über diese Zeit informiert das **Hüttenmuseum**, das Sie auf dem Weg zu den Seilbahnen passieren. Wie Eisen gewonnen und verarbeitet wird, wird genau erklärt. An mehreren Modellen wird veranschaulicht, wie sich die Verhüttung im Laufe der Jahrhunderte veränderte. Auch den Auswirkungen auf die Natur und Umwelt widmet sich ein Bereich der Ausstellung [Hüttenmuseum, Walter-Rathenau-Str. 1, 06502

Kletterwald

*Kinder ab 5 Jahren dürfen im **Kletterwald** in der Nähe der Talstation der Seilbahnen ab in die Höhe. Gleich drei Parcours eignen sich für diese Altersstufe. Für drei weitere Parcours sollte man 9 Jahre alt sein, während der schwarze Parcours erst ab 18 Jahren freigegeben ist. Insgesamt darf zwei Stunden über wacklige Brücken und schwankende Balken geklettert, über die Seilbahn gerutscht und ins Netz gesprungen werden. Goetheweg, 06502 **Thale**, Tel. 037439-444 01 und 0176-96 60 95 38, info@kletterwald-thale.de, www.kletterwald-thale.de, April, Sep, Okt Di-Fr ab 13, Sa, So ab 9 Uhr, Mai-Aug 9-20 Uhr, Erw. € 18, Kinder (5-12 J.) € 12, Schüler bis 17 J. € 15, Familien 20 Prozent erm.*

Bergtheater
Schon seit 1903 wird auf der Naturbühne mit herrlichem Blick über das Harzer Land Theater gespielt. In jeder Saison stehen mehrere Kinderstücke auf dem Spielplan, z. B. „Peter Pan", „Das Dschungelbuch" oder „Pippi Langstrumpf". ***Harzer Bergtheater****, Hexentanzplatz, 06502* ***Thale****, Tel. 03947-23 24, harzer-bergtheater@t-online.de, www.harzer-bergtheater.de, Vorstellungen Mai-Sep, Kindertheater Erw. € 8,50-11,50, Kinder bis 14 J. € 5-6,50.*

Thale, Tel. 03947-722 56, huettenmuseum-thale@t-online.de, www.huettenmuseum-thale.de, tgl. Di-So 10-17 Uhr, Erw. € 3, erm. € 2, Kinder ab 11 J. € 1].

Wo einst die Hexen tanzten

Den Wagen stellen Sie am besten auf dem Großparkplatz ab, von wo Sie nur wenige Minuten zur Talstation der Seilbahnen gehen. Ehe Sie mit der Kabinenbahn zum Hexentanzplatz hinaufschweben, kommen Sie an einem Besuch des **Funparks** wohl nicht vorbei! Luna Loop, Hexenbesen, Kindereisenbahn, Nautic Jet und Bungee-Trampolin gehören zu Anziehungspunkten des zweigeteilten Parks. Bezahlt wird mit Chips. Bei weniger gutem Wetter spielt es sich trocken im Tollhaus mit Hüpfburg und Rutsche. Auch eine Minigolfpartie kann auf dem Programm stehen [Funpark der Seilbahnen Thale, Goetheweg 1, 06502 Thale, Tel. 03947-25 00, info@seilbahnen-thale.de, www.seilbahnen-thale.de, Ostern-Okt tgl. 9.30-18 Uhr, 1 Chip € 1, 6 Chips € 5, Tollhaus frei].

Nun aber soll es hinaufgehen zum **Hexentanzplatz**, der vermutlich ein germanischer Kultort war. In der Nacht zum 1. Mai sollen hier die Hexen getanzt haben. Alljährlich zur Walpurgisnacht findet auf dem Platz ein großes Spektakel statt. Die Fahrt mit der **Kabinenseilbahn** auf das 454 Meter hohe Plateau bietet spektakuläre Aussichten in die Ferne und Tiefe [Seilbahnen Thale, s. o., Ostern-Okt tgl. 9.30-18 Uhr, 1.-6. Nov, 25.-31. Dez, Jan Sa, So, Feb-Ostern 10-16.30 Uhr, Hin- und Rückfahrt Erw. € 5,90, Kinder

Von der Kabinenseilbahn aus bietet sich ein Panoramablick über den Harz

1.000 Meter kurviges Fahrvergnügen: der Harzbob am Hexentanzplatz

(4-14 J.) € 3,90, Familien € 18]. Auf dem Hexentanzplatz angekommen, wenden Sie sich nach rechts – nach links geht es zum Harzer Bergtheater. Auf den Skulpturen der Hexen und Teufel klettern Kinder gerne herum, wenn sie nicht schon den Harzbob entdeckt haben. Diese **Sommerrodelbahn** führt mit neun Kurven und vier Jumps 1.000 Meter den Berg hinab, ehe die Rennschlitten per Lift wieder hinaufgezogen werden. Kleine Kinder können mit Mama oder Papa mitfahren. Die Geschwindigkeit können Sie selbst bestimmen, maximal wird mit 40 Stundenkilometern gerodelt [Seilbahnen Thale, siehe S. 75, Ostern-Okt 9.30-18 Uhr, Winter 11-16 Uhr, Erw. € 2,50, Kinder € 2]. Ein paar Meter weiter befindet sich der Eingang zum **Tierpark**. Nur Tiere, die im Harz heimisch sind oder einst waren, sind hier zu Hause. In ihren neuen, großen Gehegen lassen sich die Braunbären und die Wölfe wunderbar beobachten. Luchse, Wildschweine, Wildkatzen und Fischotter sind weitere Bewohner. Vögel, die in freier Natur kaum zu sehen sind, lassen sich in den Volieren ausgiebig betrachten. Hier sind Birk- und Auerhühner, Seeadler und Mäusebussarde zu sehen. Ein kleiner Spielplatz gehört genauso zu dem Gelände wie ein Streichelzoo und ein Café [Tierpark, Hexentanzplatz 4, 06502 Thale, Tel. 03947-28 80, TierparkThale@aol.com, www.tierpark-thale.de, Mai, Sep, Okt 9-18 Uhr, Juni-Aug 9-19 Uhr, Nov-Jan 10-16 Uhr, Feb-April 9-17 Uhr, Erw. € 4, Kinder (2-12 J.) € 2,50, Familien € 10].

Durch Tal und Schlucht

Nun geht es wieder gen Tal, entweder erneut mit der Seilbahn oder aber zu Fuß. Wandern Sie am Bergtheater vorbei in Richtung Bodetal. Dabei passieren Sie die **Walpurgishalle**. 1901 wurde sie vom Berliner Architekten Bernhard Sehring im altgermanischen Stil erbaut. Im

Wo der König ruht

*Seit 1834 heißt das Restaurant im Bodetal Königsruhe, denn damals machte der König Friedrich Wilhelm IV. an dieser Stelle Rast. Silvester 1925 riss hier das Hochwasser zwei Brücken fort. Heute sitzt es sich direkt an der Bode und der Steinbrücke gemütlich bei harz-typischen Gerichten und tollem Kuchen. **Gasthaus Königsruhe**, Hirschgrund 1, 06502 **Thale**, Tel. 03947-27 26, koenigsruhe@t-online.de, www.koenigsruhe.de, März-Okt tgl. 10-20 Uhr, Nov-Feb Mi-So 10-20 Uhr.*

Inneren zeigen fünf Gemälde Szenen aus Goethes Faust [Mai-Okt 9-17 Uhr, Erw. € 2, Kinder € 0,50]. Im Bodetal angekommen können Sie noch ein Stück durch die zerklüftete Schlucht gehen und im **Kleinen Waldkater** [Kleiner Waldkater 1, 06502 Thale, Tel. 03947-28 26, info@kleiner-waldkater.de, www.kleiner-waldkater.de, tgl. 10-22 Uhr] oder im **Gasthaus Königsruhe** (siehe Kasten) einkehren. Zwischen Mai und Oktober bietet die Thale-Information übrigens jeden Samstag um 11 Uhr Führungen mit der Hexe an [Thale-Information, Bahnhofstr. 3, 06502 Thale, Tel. 03947-25 97, info@bodetal.de, www.bodetal.de, Mo-Fr 9-17 Uhr, Sa, So 9-15 Uhr, Hexenführung Erw. € 6, Kinder bis 10 J. € 3,50].

Auf der Rosstrappe

Wer noch genug Puste hat, kann auch auf der anderen Seite der Bode die „Schurre“ zur Rosstrappe hinaufwandern. Dieser serpentinenartige Weg führt durch ein Geröllfeld hinauf. Zweite Möglichkeit: von der Talstation den **Sessellift** nehmen [Seilbahnen Thale, s. Seite 75, Berg und Tal Erw. € 3,80, Kinder (4-14 J.) € 2,20, Familien € 11]. Im **Sagenpavillon** können Sie sich einstimmen auf die Geschichte von Brunhilde und Bodo (Erw. € 1, Kinder € 0,50). Über einen kurzen, aber unwegsamen Pfad geht es weiter zu einem fantastischen Aussichtspunkt. Man blickt auf die berühmte Vertiefung im Felsen, die aussieht wie ein riesiger Hufabdruck. Viele Leute werfen einen

Das Bodetal gehört zu den größten Naturschutzgebieten in Sachsen-Anhalt

Glücks-Cent hinein. Per Lift oder zu Fuß geht's zurück nach Thale. Dort steht noch ein Bonbon auf dem Plan: das **Aktiv-Spiel-Haus**. Die große Halle wirkt schon von außen hell und freundlich. Im Inneren wird nach Herzenslust gespielt. Da erklimmen die Kinder den Klettervulkan, um anschließend hinabzurutschen, oder es wird auf den Trampolinen gesprungen. Zum gemeinsamen Spiel laden Speed-Hockey, Kicker und Tisch-

Der Hufabdruck von Brunhildes Pferd soll dem Harzbesucher Glück bringen

Die Rosstrappe

Der Sage nach wurde die schöne Königstochter Brunhilde von einem Riesen namens Bodo verfolgt. Bodo wollte das Mädchen zur Frau nehmen, doch Brunhilde floh auf ihrem weißen Pferd. Als sich plötzlich ein Abgrund vor ihr auftat, zögerte sie nicht und setzte hinüber. Auf der anderen Seite hinterließ ihr Ross den bekannten Hufabdruck. Bodo aber wollte ihr nach und stürzte dabei hinab in den Fluss, der bis heute seinen Namen trägt.

tennisplatten ein. Über die Riesenrutsche geht es in tollen Wellen bergab. Hunger? Belegen Sie sich doch Ihre Pizza selbst [Aktiv-Spiel-Haus, Otto-Schönermark-Str. 1, 06502 Thale, Tel. 03947-77 88 99, info@hexenhaus-thale.de, www.hexenhaus-thale.de, Di-So 10-19 Uhr, Ferien auch Mo, Erw. € 5, Kinder (1-18 J.) € 6]! Noch ein wenig planschen, radeln oder wandern? All das bietet die Bodetal-Therme, denn neben einer Bade- und Saunalandschaft befindet sich hier auch ein Verleih von Mountain- und E-Bikes. Am Wochenende gibt's spannende Führungen durch das Bodetal [Bodetal-Therme, Parkstraße 4, 06502 Thale, Tel. 03947-778 45-0, info@bodetal-therme.info, www.bodetal-therme.info, So-Mi 10-22, Do-Sa 10-23 Uhr, Tag € 14, Kinder € 11,50. Mai-Okt Führungen ab Therme: Sa 9.30 Uhr, Erlebnistour ab 16 J. So 9.30 Uhr, Sagen- und Mythentour ab 13 J., jeweils € 13].

Tour 10: Im Süden unterwegs – Ritterspiele, Reptilienzoo & Residenz der Grafen

Ilfeld • Nordhausen • Uftrungen • Stolberg

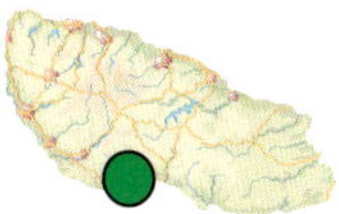

Wo: im südlichen Ostharz – Wie: mit dem Auto – Dauer: Tagesausflug – Nicht vergessen: Inlineskates und Basketball für den Petersberg, Badezeug für Nordhausen oder Stolberg

Lichter und heller als sein westliches Pendant präsentiert sich der untere Harz. Dafür sorgen Wiesen und Laubbäume mit ihrem helleren Grün als das der dunklen Fichten. Dorthin soll es bei dieser Tour im südlichen Harz gehen. Auf dem Programm stehen typische Harzer Attraktionen wie ein Schaubergwerk und eine Höhle, aber auch eine größere Stadt und ein kleines Fachwerkstädtchen, in dem die Zeit stillzustehen scheint. Beide Orte haben auch für Kinder einiges in petto.

Das schwarze Gold

Nördlich von **Ilfeld** liegt das einzige Schaubergwerk des Harzes, in dem Kohle abgebaut wurde. Das Bergwerk liegt direkt am Netzkater, einem Bahnhof der Harzer Schmalspurbahnen. Bis hierher und nach Nordhausen können Sie also auch unter Dampf fahren (Infos siehe S. 35). Bei einer Führung durch den Rabensteiner Stollen wird gezeigt, wo das Steinkohle-Flöz verlief und wie der Erde ihr Schatz entrungen wurde. Zwischen 1737 und 1946 wurde das schwarze Gold hier mit Unterbrechungen abgebaut. Wie das geschah, wird während des Rundgangs auf dem 500 Meter langen Führungsweg live vorgeführt. Hinein in den Berg geht es mit der Grubenbahn! Über Tage sind weitere bergmännische Geräte zu sehen, auf einer Abraumhalde können Fossilien gesucht werden, oder Sie kehren noch ins Museumsbistro ein [Besucherbergwerk Rabensteiner Stollen, 99768 Ilfeld-Netzkater, Tel. 036331-481 53, info@rabensteiner-stollen.de,

Ziegen auf der Alm

Eine an die Alpen erinnernde Idylle finden Sie, wenn Sie vom Netzkater in Richtung Hohegeiß fahren und rechts nach Sophienhof abbiegen. Dort weiden am Ziegenhof zahlreiche der freundlichen Paarhufer. Aus ihrer Milch stellt Familie Liebig Käse und Eis her, die in der Almstube schmecken. ***Ziegenalm****, Dorfstr. 44, 99768* ***Sophienhof****, Tel. 036331-482 35, mail@ziegenalm.de, www.ziegenalm.de, Almstube Di-So 11-18 Uhr, Nov-Ostern nur Do 12-18 und Sa, So 10-18 Uhr.*

In der Burgruine Hohnstein spühren Familien den Geist der Ritterzeit

www.rabensteiner-stollen.de, April-Okt Di-So 10-17 Uhr, Führungen stündlich bis 16 Uhr, Nov-20. Dez nur So 10.45 und 12 Uhr, 27. Dez-März Di-Do, Sa, So 10.45, 12 uns 13.15 Uhr, Erw. € 9,50, Kinder (3-15 J.) € 5,50, Familien € 24].

Burg Hohnstein

Über Ilfeld geht es nun nach Nordhausen. Für Ritterfans lohnt sich ein Abstecher nach Neustadt, das Sie vier Kilometer östlich von Ilfeld finden. Oberhalb des Ortes liegt die **Burgruine Hohnstein**. Erbaut wurde die einst mächtige Burg von Konrad von Sangerhausen im Jahre 1120. Sie wurde zum Stammsitz der Grafen von Hohnstein. Später bauten die Grafen zu Stolberg sie zu einem Renaissanceschloss aus, ehe sie im Dreißigjährigen Krieg zerstört und nie wieder aufgebaut wurde. Die Gemäuer, dicken Toranlagen und der Bergfried sind aber noch deutlich zu erkennen und lassen erahnen, wie es einst bei Rittern zuging. Mit wunderschönem Blick ins Tal sitzen Sie im Burggasthof, der im 1908 errichteten Jagdhaus eröffnet wurde [Burgruine Hohnstein, 99762 Neustadt, Tel. 036331-490 49, info@burghohnstein.de, www.burghohnstein.de, Di-So 11-22 Uhr, Eintritt frei].

Thüringer Tor zum Harz

Nordhausen ist die nächste Station. Zu den bekannten Sehenswürdigkeiten des Thüringer Tors zum Harz, wie die Stadt auch genannt wird, zählen das Rathaus mit seinem Roland und der Dom. Direkt am Marktplatz finden Sie die Tourist-Information, bei der Sie einen Stadtplan und weitere Auskünfte erhalten [Nordhausen Information, Markt 1, 99734 Nordhausen, Tel. 03631-69 67 97, stadtinfo@nordhausen.de, www.nordhausen.de, Mo-Fr 10-18, Sa 10-14 Uhr]. Weil Kinder meist weniger für Stadtbesichti-

Essen bei Felix

In der Altstadt von Nordhausen können Sie im modernisierten Fachwerkbau, im Wintergarten oder auf den gemütlichen Biergartenterrassen mit Weitblick speisen. Das tat übrigens auch schon Gerhard Schröder. Das Angebot reicht vom Frühstück über Kaffee und Kuchen bis zu Schnitzel- und Nudelgerichten. ***Felix****, Barfüßerstr. 12, 99734* ***Nordhausen****, Tel. 03631-60 22 00, info@felix-nordhausen.de, www.felix-nordhausen.de, So-Fr 10-24, Sa 15-2 Uhr.*

gungen zu haben sind, soll es in Nordhausen in den Zoo und auf einen tollen Spielplatz gehen, wahlweise auch ins Schwimmbad! Der **Reptilienzoo** Nordhausen wurde im Mai 2008 eröffnet. Wie der Name schon sagt, stehen die Kriechtiere hier im Mittelpunkt. In dem 1.000 Quadratmeter großen Reptilienhaus leben Chamäleon, Tigerpython, Bartagame, Krokodil und viele andere. Doch nicht nur die lederhäutigen Lebewesen sind vertreten, es gibt auch Tiere mit weichem Fell! Zu ihnen gehören Erdmännchen, Waschbären und Nasenbären. Sogar Mungos leben in Nordhausen. Wie die aussehen? Sehen Sie selbst! Ein Streichelgehege und ein Abenteuerspielplatz sind weitere Lockmittel [Reptilienzoo, Hallesche Str. 18-20, 99734 Nordhausen, Tel. 03631-90 24 30, info@zoo-nordhausen.de, www.zoo-nordhausen.de, tgl. 10-18 Uhr, Erw. € 7, Kinder (4-14 J.) € 4, Familien € 18].

Spielen, schlendern, baden

Ein Freizeitparadies für Familien wurde mit der Landesgartenschau 2004 auf dem Petersberg geschaffen. Auf dem Plateau rund um den Petriturm gibt es eine Skateranlage mit verschiedensten Elementen, eine Streetball-Anlage und einen tollen **Ritterburg-Spielplatz**. Durch die Burg und das Runddorf wird fröhlich getollt, die Nestschaukel lädt zum Schaukeln ein, Sandspielecken warten auf fleißige Baumeister. Von Frühling bis Herbst wird regelmäßig der 20 Meter hohe Kletterturm geöffnet [Juni-Okt Fr 14-19 Uhr, Sommerferien 14-19 Uhr, Erw. € 4, Kinder € 2]. Einen Spaziergang durch den **Berggarten** sollten Sie sich ebenfalls nicht entgehen lassen (€ 0,20 Münzdurchlass). Am Hang zur Rautenstraße befindet sich ein

Spielen mit Mittelalter-Flair: Burgspielplatz am Petersberg in Nordhausen

weiterer Spielplatz mit Rutschen, Trampolinen und Drehscheiben [Petersberggarten, Petersberg, 99734 Nordhausen, www.petersberggarten.de, Infos Kletterturm: Mobilé-Jugendsozialwerk, Tel. 03631-98 21 87, mobile@jugendsozialwerk.de]. Wasserratten freuen sich über das große Badangebot in und um Nordhausen. Im **Badehaus** wird ganzjährig geplanscht und gerutscht. Das Erlebnisbad wartet mit einem Strömungskanal, einer 58-Meter-Rutsche mit Black Hole und Lichteffekten sowie Plansch- und Außenbecken auf. Das 25-Meter-Sportbecken lädt zum Bahnenschwimmen ein, während im Gesundheitsbad die Jugendstilarchitektur beeindruckt [Badehaus, Grimmelallee 40, 99734 Nordhausen, Tel. 03631-47 99-0, team@badehaus-nordhausen.de, www.badehaus-nordhausen.de, Mo, Fr 8-22, Sa, So 9-22 Uhr, 3 Std. Erw. € 8,50, Kinder (ab 1 m Größe bis 14 J.) € 6, Familien € 24,90]. Zwischen Mai und September stehen außerdem das **Salza-Quellbad**, ein Freibad im nördlich gelegenen Stadtteil Salza, und das **Bielener Kiesgewässer**, ein See mit Badestrand in Richtung Berga, zur Auswahl [Infos unter www.badehaus-nordhausen.de, Eintritt Erw. € 3, Kinder € 1,50].

Thyragrotte

Badespaß für die Kleinen und Erholung für die Großen bietet die Thyragrotte. Der Strömungskanal und die Breitwellenrutsche sind die Highlights für Kinder. Die Jüngsten zieht es ins Planschbecken mit Spielbrunnen, die Eltern in den Whirlpool oder zu den Massagedüsen. Im Sommer schwimmen alle nach draußen, wo eine Rutsche zum Hinabgleiten einlädt. Auch eine Sauna ist vorhanden, und für das leibliche Wohl sorgt die Gaststätte. ***Thyragrotte****, Thyratal 5a, 06547* ***Stolberg****, Tel. 034654-921 10, thyragrotte@kes-suedharz.de, www.thyragrotte-stolberg.de, tgl. 10-21 Uhr, 3 Std Erw. € 7,50, Kinder (3-16 J.) € 6, Familien € 25.*

Josephs Kreuz

Ein Wanderweg führt von Stolberg auf den ***Großen Auerberg****. Dort steht das größte eiserne Doppelkreuz der Welt. Es wurde 1896 erbaut und nach Graf Joseph von Stolberg benannt. Die meergrüne, 38 Meter hohe Konstruktion ist über 200 Stufen zu besteigen (Erw. € 2, Kinder bis 16 J. € 1,50). 100.000 Nieten halten das Kreuz zusammen, das 123 Tonnen wiegt. Nebenan lädt das* ***Bergstüb'l*** *zur Einkehr ein (Mai-Okt tgl. 10-18 Uhr, Dez-April Di-So 10-18 Uhr).*

Laser in der Höhle

Verlassen Sie Nordhausen nun auf der B80 in Richtung Berga. Dort geht es weiter in Richtung **Uftrungen**, das Sie rechts liegen lassen. Nach weiteren zwei Kilometern biegen Sie links ab zur **Heimkehle**. Die Karsthöhle besitzt mit dem Großen Dom nicht nur einen imposanten Hohlraum – den größten in Deutschland –, sondern bietet als besonderes Bonbon eine Lasershow an. Beeindruckend ist außerdem der Blick in den zehn Meter tiefen Thyrasee, in dem es geheimnisvoll leuchtet. Im **Kleinen Dom** erinnert eine Mahn- und Gedenkstätte an die hier im Zweiten Weltkrieg installierten Werkshallen, in denen Flugzeugteile für die Junkers-Werke in Dessau hergestellt wurden [Heimkehle, Heimkehle 1, 06548 Uftrungen, Tel. 034653-305, info@hoehle-heimkehle.de, www.hoehle-heimkehle.de, April-Sep Di-So 10-17 Uhr, Okt-März 11-16 Uhr, Erw. € 4,50, Kinder (3-16 J.) € 2,10].

Residenz der Grafen

Neun Kilometer nördlich liegt das hübsche Fachwerkstädtchen **Stolberg** [Tourist-Information Stolberg, Markt 2, 06547 Stolberg, Tel. 034654-454, info@stadt-stolberg.de, www.stadt-stolberg.de, Mo-Fr 9-12.30 und 13-17, Sa, So 10-12 und 13-15 Uhr]. Schon im 13. Jahrhundert wurden Stolberg die Stadtrechte verliehen. Die Grafen zu Stolberg residierten hier und erbauten das Schloss, das sich am Rande der Stadt weit sichtbar erhebt. Es wird seit einigen Jahren von der Deutschen Stiftung Denkmalschutz restauriert, einige Räume im Fürstenflügel sind inzwischen zur Besichtigung freigegeben (Di-Fr 11-16, Sa, So 11-17 Uhr, Führung Fr 20, Sa 14 Uhr). Wenn sich Ihre Kinder

Die Fachwerkhäuser in Stolberg werden nach alten Vorlagen restauriert

Das Stolberger Schloss erhebt sich über der farbenfrohen Altstadt

nicht mit der Aussicht auf die Besichtigung eines Schlosses locken lassen, dann überzeugt vielleicht das Café, das Kuchen und Eis anbietet (April-Okt 11-18 Uhr). Mehrere Jahrhunderte lang besaßen die Grafen zu Stolberg das Münzrecht. In der **Alten Münze** lässt sich nachvollziehen, wie so eine Münze überhaupt geprägt wurde. Die Ausstellung zeigt verschiedene Walzen, Stanzen und Prägehammer. Jede Menge Münzen sind ebenfalls zu bewundern, darunter manche Kuriositäten. Kinder dürfen einige davon durch ein Blatt Papier rubbeln und so ein Andenken mit nach Hause nehmen. An ausgewählten Terminen können Sie beim Schauprägen am Balancier zuschauen und sich eine Münze prägen lassen (Kosten: € 10-25). Im obersten Stockwerk des schönen Fachwerkhauses von 1535 erfährt man einiges über die Stadt Stolberg und ihren berühmten Sohn Thomas Müntzer [Alte Münze, Niedergasse 19, 06547 Stolberg, Tel. 034654-859 60, info@stadt-stolberg.de, www.stadt-stolberg.de/museum_alte_münze, Mi-So 10-17 Uhr, Erw. € 2, Kinder (6-16 J.) € 1,50].

Treppenloses Rathaus

Mehrere Möglichkeiten zur Einkehr finden Sie am zentralen **Marktplatz** von Stolberg. Dort können Sie auch die Spezialität des Ortes probieren: Stolberger Lerchen. Die Würstchen sollen beim Braten wie Lerchen singen und schmecken am besten zu Grünkohl und Salzkartoffeln. Werfen Sie doch noch einen Blick auf das **Rathaus**. Das Besondere an dem Gebäude ist, dass es im Inneren keine Treppen gibt! Die Etagen sind nur über die Treppe an der Seite zu erreichen. Mit ursprünglich 12 Türen, 52 Fenstern und 365 Fensterscheiben wurden die Monate, Wochen und Tage des Jahres repräsentiert. Vor dem Rathaus steht das Thomas-Müntzer-Denkmal. Der Bauernführer wurde 1489 in Stolberg geboren.
Die Treppe neben dem Rathaus führt hoch zur **St.-Martini-Kirche**. Martin Luther predigte in ihr gegen die von Müntzer angeführten Bauern.

Ich lebe im Wald und Ihr könnt mein Klopfen schon von fern hören.
Mit meinem kräftigen Schnabel zimmere ich mir in alten, morschen und abgestorbenen Bäumen meine Brut- und Schlafhöhlen.
Als Nachmieter leben viele andere Tiere, wie Käuze, Siebenschläfer und Tauben, in meiner verlassenen Wohnung.
Am liebsten ernähre ich mich von den vielen Insekten (z.B. den Larven der Borken- und Bockkäfer), die unter der Rinde alter oder abgestorbener Bäume leben.

HöhlenErlebnisZentrum Iberger Tropfsteinhöhle

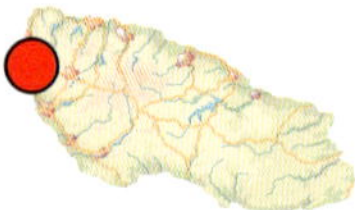

Als Bergleute im Jahre 1583 auf der Suche nach Eisenerz eine Höhle im Iberg bei Bad Grund entdeckten, konnten sie wohl nicht ahnen, dass hier einmal ein **HöhlenErlebnisZentrum** entstehen würde. Auf dem Weg zur Höhle gibt es noch das **Museum im Berg** zu besichtigen. Dieser Zugangsstollen macht auch gleich deutlich, dass an dieser Stelle vor 385 Millionen Jahren ein tropisches Korallenriff war! Geologie und Bergbau sind die Themen, über die sich Besucher hier informieren können. Noch spannender ist es freilich im **Museum am Berg**. Hier wurde die Lichtensteinhöhle originalgetreu nachgebaut. In dieser 1980 entdeckten Höhle bei Osterode fand man 40 Skelette aus der späten Bronzezeit.

Schneeballschlacht im Sommer

*Im Juni und Juli findet an der Waldgaststätte am Albertturm oberhalb des HöhlenErlebnisZentrums sonntags um 16 Uhr eine Schneeballschlacht statt. Die weiße Pracht wird seit über 100 Jahren in den Wintermonaten in einer Höhle eingelagert. Nach dem Bau eines Schneemanns wird die Schlacht eröffnet. **Waldgaststätte** Albertturm, Auf dem Iberg, 37539 **Bad Grund**, Tel. 05327-15 35, turmwirt@iberger-albertturm.de, www.iberger-albertturm.de.*

Die Geschichte dieser Tropfsteinhöhle begann vor vielen Millionen Jahren

Um 1000 v. Chr. wurden die Mitglieder einer Großfamilie zusammen mit kostbaren Grabbeigaben wie Schmuck und Keramik bestattet. Mithilfe von DNA-Analysen hat man nicht nur herausgefunden, welche Haar- und Augenfarben diese Menschen besaßen, sondern auch, dass heute lebende Harzbewohner mit ihnen verwandt sind.

***HöhlenErlebnisZentrum Iberger Tropfsteinhöhle**, An der Tropfsteinhöhle 1, 37539 Bad Grund, Tel. 05327-82 93 91, info@hoehlen-erlebnis-zentrum.de, www.hoehlenerlebnis zentrum.de, Di-So 10-17 Uhr, Juli, Aug, Okt auch Mo, Erw. € 8, Kinder (6-16 J.) € 6, Familien € 22.*

Krodoland Bad Harzburg

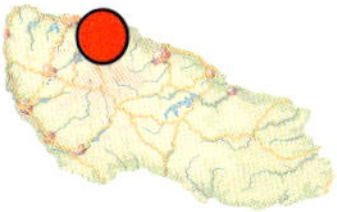

Eine ganze Spielscheune wurde für das **Krodoland** geschaffen. Darin wird bei jedem Wetter auf dem Abenteuerbaumhaus getobt, sich an der Kletterwand nach oben gehangelt und in der Hüpfburg gesprungen. Gemeinsam können Sie mit Ihren Kindern Tischtennis spielen oder kickern. Die Kleinsten zieht es in den Sandkasten, zu den Riesenbausteinen und ins Bällchenbad.
Bei trockenem Wetter lockt **KrodoCity** an die frische Luft. Wie im Wilden Westen geht es hier zu – mit Feuerplatz, Indianerdorf und Weidentunnel. Auch Ponyreiten wird angeboten, und auf der Rennstrecke dürfen abenteuerlich aussehende Gefährte ausprobiert werden. Doch damit nicht genug: Auf dem großzügigen Außengelände können Sie Swingolf spielen. Wie beim klassischen Golf soll der Ball mit möglichst wenigen Schlägen eingelocht werden. Oder möchten Sie einmal Pit-Pat ausprobieren? Diese Kombination aus Minigolf und Billard wird mit einem Queue gespielt. Das ganze Jahr lockt das Krodoland mit zahlreichen Veranstaltungen – vom Puppentheater über das Osterfeuer bis zum Kürbisfest.

Mit viel Schwung führt die Rutsche ins bunte Bällchenbad

Restaurant Anna

Spiel und Sport haben Sie hungrig gemacht? Auf dem Gelände des Krodolandes können Sie im Restaurant Anna griechisch speisen. Sowohl drinnen als auch auf der großen Terrasse sitzen Sie dabei gemütlich. Für die Kinder stehen Fischstäbchen, Nuggets, Schneewittchen-Gyros und Spaghetti mit Tomatensoße auf der Speisekarte. ***Restaurant Anna****, Fasanenstr. 21, 38667 Bad Harzburg, Tel. 05322-87 75 86, Di-Fr 17-23, Sa, So, Ferien 11-23 Uhr.*

Freizeitpark Krodoland*, Fasanenstr. 21, 38667 Bad Harzburg, Tel. 05322-87 73 32, info@krodoland.de, www.krodoland.de, Spielscheune tgl. 10-19, Golf April-Okt ab 10, Ponyreiten Sa, So 14-16 Uhr, Spielscheune Erw. € 2, Kinder bis 3 J. € 3, Kinder bis 14 J. € 5, Familien € 13. Swin-Golf Erw. € 7, Kinder bis 12 J. € 5, Familien € 20. Pit-Pat Erw. € 3, Kinder € 1,50, Familien € 7, Ponyreiten drei Runden € 2,50.*
Anfahrt: *B6n, Ausfahrt Westerode.*

Rübeländer Tropfsteinhöhlen

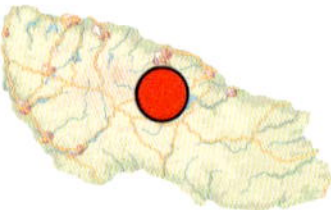

Die **Hermannshöhle** und die **Baumannshöhle** gehören zu den bekanntesten Sehenswürdigkeiten im Harz. In beiden Tropfsteinhöhlen haben Stalagmiten und Stalaktiten die tollsten Gebilde geschaffen. Die Baumannshöhle besitzt mit dem Goethesaal eine Naturbühne mit einem Höhlensee. Faszinierend sind auch die Säulenhalle und die Schildkrötenschlucht. In der märchenhaft anmutenden Welt unter Tage lässt sich mit ein wenig Fantasie allerlei entdecken, hier ein Tier, dort vielleicht sogar ein Gesicht? In der Hermannshöhle funkelt es in der Kristallkammer, die während der Führung genauso passiert wird wie die „Kanzel“ und der „Hohe Punkt“. Ein besonderes Highlight ist der Olmensee. 13 Grottenolme leben darin, seit sie 1932 und 1956 von Istrien hierher verbracht wurden. Da alle Tiere Männchen waren, wie man erst später feststellte, haben sie sich leider nicht vermehrt! Ihre Lebenserwartung beträgt aber immerhin 70 Jahre.

Was hängt von der Decke runter, Stalagmiten oder Stalaktiten?

Theater in der Höhle

Im Goethesaal der Baumannshöhle wird Theater gespielt! Die ungewöhnliche Kulisse sorgt für ein ganz besonderes Ambiente. „Das kalte Herz“ nach Wilhelm Hauff oder das Grimmsche Märchen „Hänsel und Gretel“ stehen da auf dem Programm. Für die Inszenierungen arbeiten das ***Harzer Bergtheater Thale*** *und das* ***Freie Theater Harz*** *zusammen. Infos unter www.harzer-hoehlenfestspiele.de. Erw. € 14, Kinder € 7.*

***Rübeländer Tropfsteinhöhlen**, Blankenburger Straße, 38889 Rübeland, Tel. 039454-492 08 und 491 10, tourist@harzer-hoehlen.de, www.harzer-hoehlen.de, Juli-Aug tgl. 9-17.30 Uhr , Sep, Okt, Feb-Juni 9-16.30 Uhr , Nov-Jan 9-15.30 Uhr , 1 Höhle Erw. € 7, Kinder (4-16 J.) € 4,50, Familien € 20, Kombikarten für beide Höhlen oder mit Schaubergwerk Büchenberg.*

***Achtung:** In den Höhlen herrscht ganzjährig eine Temperatur von etwa 8 Grad. Also auch im Hochsommer an Jacken denken!*

Der Wilde Westen im Ostharz: Pullman City

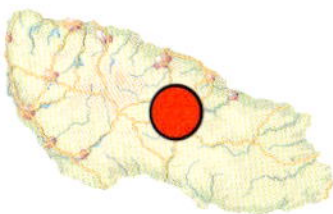

Eintauchen in den Wilden Westen können Sie am Rand von Hasselfelde. Dort wurde eine Westernstadt des 19. Jahrhunderts aufgebaut, natürlich ganz stilgerecht mit Saloon, Barbier, Sheriffbüro und Westernstore. Indianer und Cowboys, Pferde und Bisons füllen die Straßen mit Leben, insbesondere zur großen Buffalo-Bill-Wildwest-Show. Weitere Veranstaltungen lassen die Zeit der Goldschürfer und Trecks aufleben. Aber nicht nur zuschauen ist die Devise in **Pullman City**. Ihre Kinder werden sich mit Freude auf den großen Abenteuerspielplatz stürzen, beim Goldwaschen im Klondike Camp jedes Körnchen auf güldene Spuren untersuchen oder sich an den Umgang mit Pfeil und Bogen wagen. Auch die Gastronomie ist ganz auf Amerikas Wildwest eingestimmt. Wer gleich hier übernachten möchte, kann neben einem Hotelzimmer auch ein Blockhaus oder ein Ranchhaus anmieten.

Der Schrecken jeder Bank im Wilden Westen: die Dalton-Brüder

Pullman City Harz, *Rosental 1, 38899 Hasselfelde, Tel. 039459-73 10, info@westernstadt-im-harz.de, www.pullmancity-2.com, April-Okt tgl. 10-1 Uhr, Erw. € 15, Kinder ab 4 J. € 6, 13-16 J. € 10, Familien (2 Erw. plus 2 Kinder bis 12 J.) € 33, Mo und Fr sind die Preise um die Hälfte reduziert.*

Holzkohle

Einst rauchten im ganzen Harz die Erdmeiler, heute wird Holzkohle nur noch am Stemberghaus bei Hasselfelde auf traditionelle Art hergestellt. Sie können dabei zuschauen, sich im angeschlossenen Museum darüber informieren oder an der Köhlerrast zünftig speisen.
Holzköhlerei*, Stemberghaus 1, 38899* ***Hasselfelde****, Tel. 039459-722 54, stemberghaus@harzkoehlerei.de, www.harzkoehlerei.de, tgl. 10-18 Uhr, April-Okt Aufbau traditioneller Erdmeiler, Eintritt € 2.*

Burg Falkenstein

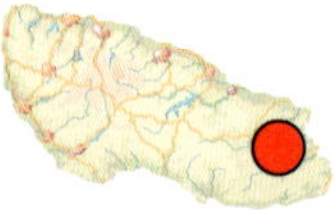

Hinein ins Mittelalter versetzt Sie ein Besuch auf **Burg Falkenstein**, eine der besterhaltenen Burgen nicht nur im Harz, sondern in ganz Deutschland. Dass die Burg nie eingenommen wurde, verwundert angesichts der hohen Mauern und der günstigen Lage auf einem Bergsporn nicht.

Erbaut wurde sie im 12. Jahrhundert von den Konradsburgern. Ob die ihre Burg bei Ermsleben einem Kloster überließen, weil die neue Burg hoch über dem Selketal so viel wehrhafter war, oder ob Graf Egeno tatsächlich Adalbert II. von Ballenstedt erschlug und als Buße sein Heim verließ, ist heute nicht mehr zu klären. Zwischen 1220 und 1235 soll Eike von Repgow den „Sachsenspiegel" hier verfasst haben, das erste deutsche Rechtsbuch.

Die romantische Umgebung der Burg ist beliebt bei Hochzeitsgesellschaften

Erst über mehrere Burgtore und einen Vorhof ist die Kernburg zu erreichen. Darin befindet sich ein Museum, das neben Rüstungen, Möbeln und Waffen vor allem durch seine mittelalterlichen Räume beeindruckt. Im Rittersaal sieht man die edlen Herren geradezu beim Festmahl sitzen, in der Burgkapelle schauen Sie durch hochmittelalterliche Glasfenster, und in der alten Küche scheint die Zeit stehen geblieben zu sein. Wenn Sie nun Hunger verspüren, lädt die **Burggaststätte Krummes Tor** zum Schmausen ein.

Könige der Lüfte

Ein besonderes Highlight sind die Flugvorführungen der **Falknerei**. Bussarde, Adler, Uhus und Falken zeigen ihre Flugkünste. Außerdem sind natürlich einige interessante Dinge über die eleganten Vögel zu erfahren.

***Burg Falkenstein,** 06543 Falkenstein-Pansfelde, Tel. 034743-535 59-0, falkenstein@dome-schloesser.de, www.burg-falkenstein.de, April-Okt tgl. 10-18 Uhr, Nov-März Di-So 10-16.30 Uhr, Falknerei-Vorführungen März-Okt Di, Fr 11 und 15, Sa, So 11, 14, 16 Uhr (nur bei trockenem Wetter), Erw. € 6, Kinder (6-16 J.) € 3,50, Familien € 15, im Winter Ermäßigungen.*

***Anfahrt:** B185 bis Falkenstein, über Meisdorf bis Gartenhaus. Vom dortigen Parkplatz fährt in der Saison eine Bimmelbahn zur Burg. Fußweg: 2 Kilometer.*

Aqua-Land Osterode

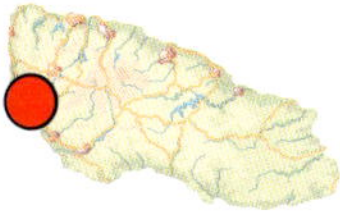

Im **Aloha Aqua-Land** kommen wahrlich Urlaubsgefühle auf. 5.000 Quadratmeter voll mit Attraktionen für kleine und große Wasserratten sprechen für sich. Da geht es im Erlebnisbecken rasant durch den Wildwasserkanal, anschließend sorgen Schwallduschen und Massagedüsen für wohlige Entspannung. Kinder lieben die 85 Meter lange Riesenrutsche. Im 25-Meter-Schwimmbecken geht es eher sportlich zu, dort kann auch vom Drei-Meter-Brett gesprungen werden. Im Wassergarten haben die Minis ihren Spaß. Bei 32 Grad planschen sie hier mit Wasserkanone und Bodensprudler oder starten erste Rutschversuche in ihrem Reich. Im Sommer trifft sich alles im Freibad. Das bietet 50-Meter-Bahnen und auch einen Fünf-Meter-Sprungturm. Natürlich ist auch hier ein Babybecken vorhanden. Am Matschtisch wird herrlich mit Wasser und Sand experimentiert, während alle Jungpiraten das Abenteuer-Spielschiff erobern.

Im überdimensionalen Hamsterrad kann man übers Wasser rollen

Über und unter Wasser

Jeden zweiten Monat lädt das Aloha ***Aqua-Land Osterode*** *sonntags von 14 bis 17 Uhr zum Familientag ein. Kinder mit Freischwimmer können dann über den Wasserlaufsteg balancieren, zu cooler Musik rutschen oder in großen Reifen paddeln. Nach Voranmeldung und bei ausreichend Teilnehmern dürfen alle ab 12 Jahren beim Schnuppertauchen mitmachen. Zu zahlen ist jeweils nur der Eintritt. Schwimmkurse und das Feiern des Kindergeburtstags sind ebenfalls im Angebot.*

Aloha Aqua-Land, *Schwimmbadstr. 1, 37520 Osterode, Tel. 05522-90 64 15, info@aqualand-osterode.de, www.aqualand-osterode.de, Mo 13-22, Di, Mi, Fr 6-22, Do 9-22, Sa 9-20, So 8-20 Uhr, Freibad Mitte Mai-Mitte Sep Mo, So 8-20, Di, Mi, Fr 6-20, Do, Sa 9-20 Uhr, Ferien Mo-Fr bis 22 Uhr. Tageskarte Erw. € 6,50, nur Freibad € 4,30, Kinder (3-14 J.) € 3,80, nur Freibad € 2,80, Familien € 16,10, nur Freibad € 11.*

Anfahrt: *B243, Ausfahrt Osterode-Zentrum.*

ZisterzienserMuseum Kloster Walkenried

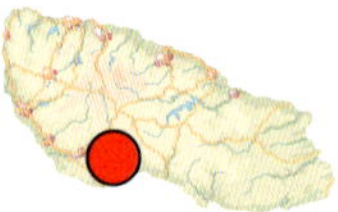

Mit Kindern ein Kloster zu besichtigen ist langweilig? Nicht in Walkenried, denn dort hat sich das vor wenigen Jahren neu konzipierte **ZisterzienserMuseum** auch auf junge Besucher eingestellt. Dort, wo die weißen Mönche sich einst zur Ruhe legten, im Dormitorium, hat heute eine multimediale Ausstellung mit Sound- und Audioinstallationen ihren Platz gefunden. Anschaulich wird das Leben der Zisterzienser gezeigt. Große „Gebetswürfel" rufen regelmäßig zu den Andachten, während das Licht dabei gedimmt wird. So ist am eigenen Leib zu erfahren, welchem Tagesrhythmus die Mönche täglich unterworfen waren. Jüngere Kinder können Bruder Conrad suchen, der hinter Klappen vom Klosterleben berichtet. Wie man sich wohl in so einer Kutte fühlt? Auch das darf ausprobiert werden! Beim Rundgang durch die weiteren Klosterräume weisen rote Elemente auf besondere Plätze wie die Büchernische oder den Lesegang hin. Über den Audio-Guide ist noch mehr zu erfahren. 1127 wurde das Kloster gegründet, 1290 die gotische Kirche geweiht.

Moderne Technik im Kloster: eine Multimedia-Ausstellung im Dormitorium

Klangfest im Kloster

*Zwischen April und Dezember wird im Kreuzgang des **Klosters Walkenried** musiziert. Bei den überregional bekannten Konzerten können Sie gregorianischen Gesängen, Klavierklängen oder A-cappella-Weihnachtsliedern lauschen. Kinderkarten sind um € 5 ermäßigt. Von September bis Mai finden auf Voranmeldung Klosterführungen bei Kerzenschein statt. Der Rundgang ist auch für Kinder spannend. Anschließend lädt das **Klostercafé** zum Harzer Kniesteressen. Die Kosten betragen € 18,60 pro Person, für Kinder € 10.*

***Kloster Walkenried,** Steinweg 4a, 37445 Walkenried, Tel. 05525-959 90 64, info@kloster-walkenried.de, www.kloster-walkenried.de, Di-So 10-17 Uhr, Führungen: Oster- bis Herbstferien Di-So 11.30, 14 Uhr, im Winter nur Sa, So, feiertags, Erw. € 6, Kinder (6-16 J.) € 4, Familien € 16, Führung € 2.*

***Anfahrt:** B243, über Bad Sachsa nach Walkenried, im Ort ausgeschildert.*

SeaLand Halberstadt

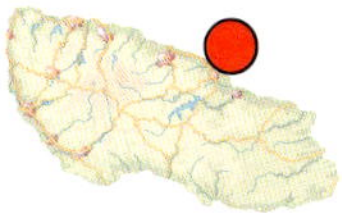

Mehrere nasse Attraktionen machen den Besuch im Halberstädter **SeaLand** zu einem vergnüglichen Ausflug für die ganze Familie. Immer ein Hit beim Nachwuchs ist die 75 Meter lange Wasserrutsche, die mit ihren besonderen Lichteffekten im dunkel gehaltenen Mittelteil für besonderen Spaß beim Herabsausen sorgt. Die jüngsten Badegäste lieben hingegen das Planschbecken mit Mini-Rutsche, Leuchtturm und dem wasserspeienden Fridolin. Das Erlebnisbecken ist mit Strömungskanal, Sprudlern, Whirlpool und Schwallduschen ausgestattet. Gleich nebenan kann auch bei eisigen Temperaturen im beheizten Außenpool geschwommen werden. Im Sommer locken zusätzlich Planschbecken, Spielplatz und Liegewiese an die frische Luft. Wer es sportlich liebt, kann im 25-Meter-Becken seine Ausdauer trainieren. Dort befindet sich auch der Sprungbereich, in dem ältere Kinder aus einem und drei Metern Höhe gerne ins Wasser eintauchen. Meldet sich der Hunger, lockt das Bistro mit Pommes, Salaten und Suppen.

Biosauna und Kletterwand

Entspannung bietet dann der großzügige Saunabereich. Ins Schwitzen kommen Sie in der Blockhaussauna, im römischen Dampfbad, in der Bio- oder der Loftsauna. In der dazugehörigen Gartenlandschaft erholen sich gestresste Eltern nach dem Saunagang genauso wie im Kaminhaus. Das SeaLand ist Teil des Freizeit- und

Seeungeheuer im SeaLand? Keine Sorge, die sind bestimmt harmlos!

Sportzentrums, zu dem auch das **SportLand** gehört. Hier kann man seine Fitness fördern, Tennis und Squash spielen sowie an der Kletterwand in die Höhe kraxeln. Im **BeautyLand** erwarten Sie verschiedene Wellnessangebote wie Massagen oder Fußpflege.

SeaLand, *Freizeit- und Sportzentrum am Sommerbad, Gebrüder-Rehse-Str. 12, 38820 Halberstadt, Tel. 03941-68 78-0, gido.maak@fsz-halberstadt.de, www.fsz-halberstadt.de, Mo-Fr 7.30-22, Sa, So 10-21 Uhr, Tageskarte Erw. € 9,80, Kinder (4-15 J.) € 6,50, Familien € 23, Bad und Sauna Erw. € 15, Kinder € 12, Zuschlag Sa, So € 1.*

Anfahrt: *B81, dann Friedrich-Ebert-Straße Richtung Spiegelsberge, Klusstraße, Hans-Neupert-Straße, dann rechts.*

Löwenzahn-Entdeckerpfad Drei-Annen-Hohne

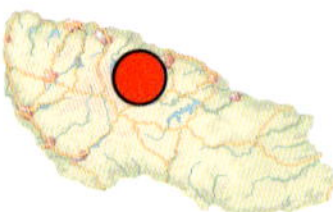

Wo kann man so gut hören wie eine Eule, barfuß den Waldboden ertasten und so weit springen wie ein Hase? Auf dem **Löwenzahn-Entdeckerpfad**! Gleich zu Beginn heißt es Augen auf, denn am Boden warten Tierspuren darauf, entdeckt zu werden. Wie viele Tiere waren hier und welche? Weiter geht es ins Totholz, das genauso zum Wald gehört wie wilde Erdbeeren oder Moos. An Drehsäulen lässt sich allerlei erfahren, wenn man die richtigen Tiere und Pflanzen zusammenpuzzelt. An der Träumerbank erzählt die dicke Eiche aus ihrem Leben, und ein Erinnerungsfoto mit Rahmen lässt sich ebenfalls machen. Schaffen Sie es gemeinsam, den Riesenbaum zu umarmen? Eine große Eule wartet ein Stückchen weiter. Sie ist begehbar und über ihren Hörtrichter kann man fast das Gras wachsen hören! Ein Barfußpfad und ein Waldmemory sind weitere Mitmachstationen, danach können sich Groß und Klein noch im Weitsprung mit Hirsch und Wildschwein messen kann.

Mithilfe der Eule können neugierige Wanderer das Gras wachsen hören

HohneHof

Folgen Sie dem Weg am Löwenzahn-Pfad weiter, kommen Sie zum ***HohneHof****. Seit 2011 ist das ehemaligen Forsthaus ein Natur-Erlebniszentrum. Kinder erobern das Außengelände mit einer Weltenschaukel oder begeben sich in die Forscherecke. Regelmäßig finden Familienausflüge oder Pferdewanderungen statt. Die Termine stehen im Jahresprogramm des Nationalparks. Tgl. 10-17 Uhr, Eintritt frei, Tel. 039455-86 40, www.nationalpark-harz.de.*

Löwenzahn Entdeckerpfad,
38875 Drei-Annen-Hohne, www.nationalpark-harz.de, frei zugänglich, eingschränkter Zugang zwischen Nov und März bei Schneefall.
Anfahrt: *B27 bis Elend, von dort 6,5 Kilometer bis Drei-Annen-Hohne, Großparkplatz. Zu Fuß über die Schienen der Schmalspurbahn geradeaus in den Wald, nach 100 Metern links durch das Löwenzahn-Tor.*

Vitamar Bad Lauterberg

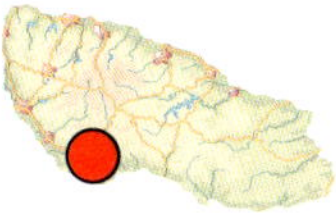

Wenn im **Vitamar** in Bad Lauterberg laute Juchzer durch das Freizeitbad hallen, dann geht es im Wellenbad garantiert hoch her! Alle 45 Minuten brausen hier die Wogen und laden dazu ein, sich treiben zu lassen oder in die Wellen zu tauchen. Kleine Kinder genießen die Brandung am flach abfallenden Eingang. Doch das Vitamar hat natürlich noch mehr zu bieten. Im Wildwasserkanal lässt man sich gerne mitziehen, schwungvoll geht es die steile Breitwasserrutsche hinab. Mit ungewöhnlichen Sound- und Videoeffekten punktet die blaue Erlebnisrutsche Black Hole, die 100 Meter lang ist. Sogar die Rutschzeit wird hier angezeigt. Kleine Planscher gleiten fröhlich die Delfinrutsche hinunter oder haben Spaß an der Schildkröte mit Handpumpe. Die Eltern freuen sich auf mehrere Whirlpools und das römische Dampfbad. Wenn die Kinder schon größer sind oder sich Mama und Papa bei der Betreuung abwechseln, kann auch ein Besuch der finnischen Sauna anstehen. Im **Restaurant „Onda Blu“** stärken sich dann alle bei Pizza, Nudeln, Schnitzel oder Currywurst, ehe es weiter geht!

Kleine Wasserratten sollten zunächst nicht auf Schwimmhilfen verzichten!

Tauchen, Spielen, Sport

*Jeden ersten Samstag im Monat lädt das **Vitamar** zwischen 15 und 17 Uhr zu Kinderspiel-Nachmittagen ein. Dann wird mit Booten übers Wasser gepaddelt, auf dem Eisberg geklettert oder die Bananenwippe erklommen. Jeden ersten Sonntag im Monat dürfen Mutige sich im Schnuppertauchen versuchen. Zwischen 15 und 19 Uhr geht es nach einer theoretischen Unterweisung ins Wasser. Oder doch lieber Wassergymnastik? Montags und freitags um 10 Uhr werden 20 Minuten lang Ihre Muskeln gestählt. Regelmäßig steigen außerdem Events wie die Fun- und Action-Pool-Party. Alle Angebote kosten nur den normalen Schwimmbadeintritt.*

***Vitamar,** Masttal 1, 37431 Bad Lauterberg, Tel. 05524-85 06 65, info@vitamar.de, www.vitamar.de, Mo-Sa 9-22, So 9-21 Uhr, Tageskarte Erw. € 10,90, Kinder (4-17 J.) € 8,30, Familien € 27,90, mit Sauna Erw. € 12,90, Kinder € 10,30, Familie € 31,90, Mo-Do ab 18 Uhr außerhalb der Ferien 15 % erm.*

Harzfalkenhof Bad Sachsa

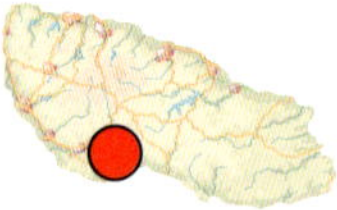

Hoch über Bad Sachsa fliegen Joachim Klapproths Schützlinge. Zweimal täglich lässt der **Falkner** seine majestätischen Bussarde, Falken und Adler ihre Flugkünste zeigen. Da fällt ein Schreiseeadler im Sturzflug über seine Beute im Wasser her, während der Schwarzmilan gleich im Flug das heiß begehrte Futter schnappt. Die Könige der Lüfte schweben hoch über den Köpfen der Besucher oder fegen auch mal knapp darüber hinweg. Angst zu haben braucht dabei aber niemand! Zuschauer erfahren einiges über das Leben und die Eigenheiten der Greifvögel. Nach dem anschließenden Rundgang an den Volieren vorbei können auch Sie und Ihre Kinder Bussard und Habicht unterscheiden. Was ein Gaukler ist und woher die Schnee-Eule stammt, bleibt ebenfalls kein Geheimnis. Unterhalb des Falkenhofs liegt der **Märchenpark**, in dem die Geschichten von Schneewittchen und Rotkäppchen erzählt werden (April-Okt Di-So 9-17, Nov-März Di-So 11-15.30 Uhr, Erw. € 3, Kinder (2-5 J.)€ 0,50 (6-12 J.) € 1).

Schreiseeadler haben eine Flügelspannweite von bis zu 210 cm

Salztal-Paradies

Schwimmen, Eislaufen und Bowling lassen sich im Salztal-Paradies problemlos kombinieren. Kleine Wasserratten lockt die Kinderbadelandschaft. ***Salztal-Paradies****, Talstr. 28, 37441* ***Bad Sachsa****, Tel. 05523-95 09 02, info@salztal-paradies.de, www.salztal-paradies, Bad Mo-So 9-22, Tageskarte Erw. € 12,10, Kinder (4-17 J.) € 9,30, Familie € 29,80; Eishalle Okt-April Mo-Fr 14-19, Sa 10-22, So 10-19 Uhr, Mai-Sep Mi 18-20, So 14-16 Uhr. Sa 16 Uhr Kinderdisco.*

Harzfalkenhof*, Auf dem Katzenstein, 37441 Bad Sachsa, Tel. 05523-32 91, www.harzfalkenhof.npage.de, tgl. 10-17 Uhr, Flugvorführungen Mai-Okt bei gutem Wetter 11 und 15 Uhr, Erw. € 5, Kinder bis 14 J. € 3.*

Anfahrt: *B243 bis Abzweig Bad Sachsa, im Ort links durchs Zentrum, Bismarckstraße am Schmelzteich vorbei, rechts Katzentalstraße.*

Grenzlandmuseum Tettenborn

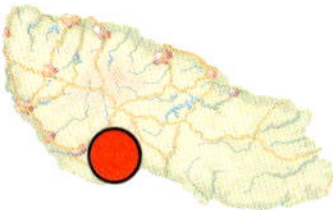

Quer durch den Harz verlief bis 1990 die deutsch-deutsche Grenze. Heute bildet sie ein **grünes Band**, in dem sich Tiere und Pflanzen relativ unbehelligt erhalten konnten und das darum ein wertvolles Biotop darstellt. Wie es früher hier aussah, erfahren Sie im **Grenzlandmuseum** Tettenborn. Nur wenige Meter hinter dem Gebäude beherrschten nämlich damals Stacheldraht und Wachtürme das Bild.
Ein Grenzmodell und ein originalgetreuer Abschnitt eines Grenzzauns machen deutlich, wie inhuman es hier zuging. Mit welchen Mitteln der Zaun gesichert wurde, wird während der regelmäßig stattfindenden Führungen erklärt. In einer nachgebauten Führungsstelle eines Beobachtungsturms wird außerdem authentisch nachgestellt, was bei einem Fluchtversuch passierte. Beim Hören des nachgestellten Tonbanddokuments stellen sich schon mal die Nackenhaare auf. Fotos, Orden und Uniformen erzählen ebenfalls vom Leben am Grenzzaun. Als Großexponat zeugt ein Heißluftballon von dem gescheiterten Fluchtversuch einer Familie.

Relikte einer vergangenen Zeit: die Uniformsammlung des Grenzlandmuseums

Grenzlandmuseum, *Hinterstr. 1a, 37441 Tettenborn, Tel. 05523-99 97 73, www.gm-badsachsa.de, So 10-12, Mi 13-16 Uhr , Juni-Okt auch Mo-Sa 13-16 Uhr, Erw. € 3,50, Kinder (10-16 J.) € 2.*
Anfahrt: *Von Bad Sachsa über Bahnhofstraße nach Neuhof, drei Kilometer bis Tettenborn.*

NatURzeitmuseum

Im Kurpark von Bad Sachsa lässt sich im NatURzeitmuseum ergründen, ob der Ravensberg einmal ein Vulkan war oder ob früher Dinosaurier durch den Südharz liefen. Ans Meer, in die Erde, zum Feuer und in die Wüste führen die Ausstellungsbereiche und geben Antworten auf spannende Fragen. ***NatURzeitmuseum****, Am Kurpark 6, 37441* ***Bad Sachsa****, Tel. 05523-30 09-0, www.naturzeitmuseum.de, Mo-Fr 9-17, Sa 10-14 Uhr, Erw. € 2,50, Kinder bis 12 J. € 1.*

Mausefallen- und Kuriositätenmuseum

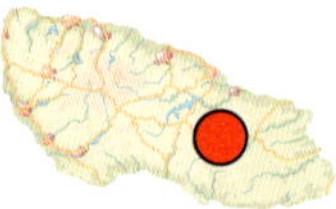

Wer früher auf dem Land lebte, konnte sich vor Mäusen oft nicht retten. Hatte man keine Katze, mussten Mausefallen her! Was unsere Groß- und Urgroßeltern alles ersonnen, um die Tierchen aus den Speisekammern fernzuhalten, zeigt das **Mausefallen- und Kuriositätenmuseum** in Güntersberge auf höchst vergnügliche Weise. Da gibt es Mäusegalgen, Todestürme und gar Selbstschussanlagen. Mit Wühlmauskanone versuchte man in den 1920er-Jahren, an die Buddler im Garten heranzukommen. Auch wie Studenten eine Maus fingen und woher das Sprichwort „Da beißt die Maus keinen Faden ab“ kommt, ist in dem Museum von Gabriele und Karl-Heinz Knepper zu erfahren. Nicht nur um Mäuse geht es allerdings in dem 300 Jahre alten Fachwerkhaus, sondern auch darum, mit welchen Geräten man überhaupt früher lebte und wirtschaftete. Eine Kartoffelschälmaschine ist genauso darunter wie ein Staubsauger von anno dazumal oder eine Barttasse. Schließlich trägt das Museum ja auch die Kuriositäten in seinem Namen!

Von dem Häuschen in der Klausstraße halten sich die Mäuse fern!

Schlumpfbecher

Im Eiscafé Am Bergsee werden die kalten Köstlichkeiten in eigener Produktion gefertigt. Für Kinder gibt es Schnecke Lilli, einen Schneemann oder den Schlumpfbecher. Auch Kaffee und Kuchen lassen sich genießen, bei Sonnenschein von der großen Terrasse mit Blick auf den See. ***Eiscafé Am Bergsee****, Burgstr. 164, 06507* ***Güntersberge****, Tel. 039488-793 47, www.eiscafe-guentersberge.de, Feb–Okt tgl. 14–18 Uhr, Dez, Jan Sa, So 14–18 Uhr.*

Mausefallen- und Kuriositätenmuseum, *Klausstr. 138, 06507 Güntersberge, Tel. 039488-430, mausefallenmuseum@online.de, www.mausefallenmuseum.de, Sa, So 14–17 Uhr, Erw. € 5, Kinder (3–13 J.) € 3, Jugendliche (14–17 J.) € 4.* ***Anfahrt:*** *B242 von Hasselfelde oder Harzgerode.*

GUT ZU WISSEN

Fakten von A bis Z

Ankunft/Anreise

Drei **Autobahnen** führen direkt am Harzrand entlang: im Westen die A7, im Süden die A38 und im Osten die A14. Von Norden bietet die A395 direkten Anschluss von Braunschweig aus. So ist der Harz aus allen Himmelsrichtungen schnell erreichbar. Am nördlichen Harzrand verbindet die B6n Goslar mit Aschersleben. Im Harz selbst überquert die Bundesstraße B242 das Mittelgebirge von West nach Ost (St. Andreasberg bis Hettstedt), die B4 den westlichen Teil von Nord nach Süd (Bad Harzburg bis Nordhausen), und die B180 führt am östlichen Rand von Aschersleben bis zur Lutherstadt Eisleben. Wer im Winter Urlaub im Harz macht, sollte unbedingt an Winterreifen und Schneeketten denken!

Mit der Bahn sind die Städte rund um den Harz erreichbar, z. B. Bad Harzburg, Goslar, Seesen, Wernigerode, Aschersleben, Nordhausen oder Sangerhausen. Im Harz selbst fahren kaum noch Züge, es sei denn, man steigt auf die Harzer Schmalspurbahnen um (www.hsb-wr.de). Das **Busnetz** ist allerdings recht gut ausgebaut. Infos zu Buslinien erhalten Sie unter www.vrb-online.de (Nordwesten), www.vsninfo.de (Südwesten), www.hvb-harz.de (Nordosten), www.vgs.suedharzlinie.de (Südosten).

Auskunft

Alle Orte im Harz besitzen eine eigene Tourist-Information, die Auskunft gibt über Unterkünfte, Aktivitäten und Veranstaltungen. Die Adressen und harzübergreifende Informationen erhalten Sie beim ***Harzer Verkehrsverband,*** *Marktstr. 45, 38640 Goslar, Tel. 05321-340 40, info@harzinfo.de, www.harzinfo.de, Mo-Do 8-17, Fr 8-14, telefonisch bis 16 Uhr.*

Babysitter

Bei der Vermittlung von Babysittern wenden Sie sich am besten an die örtliche Tourist-Information. Sollten Sie in einem Hotel oder einer größeren Ferienanlage untergekommen sein, wird man Ihnen auch dort gerne weiterhelfen.

Camping

Etwa 25 Campingplätze stehen Harzurlaubern zur Auswahl. Viele liegen direkt an einem der zahlreichen Seen oder

Freie Fahrt

*Im gesamten Landkreis Harz, d.h. in der Region um Wernigerode, Halberstadt und Quedlinburg, sowie im Raum Stolberg fahren Sie als Urlauber kostenlos mit Bus und Bahn! Die Gästekarte ist gleichzeitig das **Harzer UrlaubsTicket**, kurz: HATIX. Infos unter www.hatix.info. Außerhalb der Hatix-Region fährt man mit der **HarzTourCard** trotzdem günstig. Sie ist drei Tage gültig und kostet € 18. Familien mit bis zu drei Kindern (6-14 J.) zahlen € 34,50. Infos unter www.nasa.de.*

besitzen ein Frei- oder Hallenbad. Auch Spielplätze und andere Freizeitmöglichkeiten sind meist vorhanden. Eine Broschüre mit allen Campingplätzen und Wohnmobilstellplätzen verschickt der **Harzer Verkehrsverband** (siehe links).

Ermäßigungen

In den meisten Museen, Erlebnisbädern, Zoos und Freizeitparks erhalten Familien eine Ermäßigung. Zusätzlich lässt sich mit der Harzgastkarte, der Kurkarte (siehe auch: Kurtaxe), sparen. Vielleicht lohnt sich auch der Kauf der HarzCard (siehe Kasten S. 65).

Fahrradverleih

Verliehen werden Drahtesel in den meisten größeren Städten. Eine Auswahl von Anbietern:

Hans Speed, *Kuhlenkamp 1c, 38640 Goslar, Tel. 05321-68 57 34, hans-speed@freenet.de, www.hans-speed.de. City-, Trekking-, Mountainbikes und Kinderfahrräder.*

Harzagentur, *Bergstr. 31, 38678 Clausthal-Zellerfeld, Tel. 05323-98 24 60, info@harzagentur.de, www.harzagentur.de. Verleihstation in Altenau (Marktstraße 18), Reservierung unter Tel. 0171-486 36 64. Touren- und Kinderräder.*

Board'n Bikes, *Rathausstr. 6, 38644 Hahnenklee, Tel. 0179-274 04 77, boardnbikes@web.de, www.boardnbikes.de. Touren-/Mountainbikes.*

Harz Vital, *Im Wiesengrund 6, 38700 Braunlage, Tel. 05520-80 48 19, info@harz-vital.de, www.harz-vital.de. Mountainbikes.*

Bad Bikes, *Breite Str. 22, 38855 Wernigerode, Tel. 03943-62 68 68,*

Auf und ab führen die Radwege im Harz – ein gutes Ausdauertraining

maikstamm@badbikes-online.de, www.badbikes-online.de. Mountainbikes, Cityfahrräder, Kinderräder, Kindersitze.

Speichenflitzer, *Weberstr. 2, 06484 Quedlinburg, Tel. 0163-315 29 85, www.speichenflitzer.de. Tourenräder, Kinderräder, Kindersitze.*

Außerdem verleihen auch Campingplätze, Hotels, Tourist-Informationen (z. B. in Hasselfelde) oder sogar Thermen (wie die Bodetal-Therme in Thale) Fahrräder, mit denen Sie Ausflüge machen können.

Internet

Neben der offiziellen Seite des Harzer Verkehrsverbandes (www.harzinfo.de, siehe unter Auskunft) existieren weitere Internetdomains, die nützliche Informationen für Harzurlauber bereithalten. So ist unter www.harzlife.de ein Reiseführer zu finden, www.harz.de und www.harztourist.de helfen bei der Suche nach einer Unterkunft. Wollen Sie schon mal vor dem Urlaub einen Blick auf Ihre Ausflugsziele werfen, können Sie das unter www.webcams-harz.de tun. Unter www.harzregion.de finden Sie interessante Hinweise zum Geopark und 19 ausgewiesenen Landmarken. Reisen Sie im Winter an, sind www.harzwinter.de und www.skiharz.de von besonderem Interesse.

Weltkulturerbe

Gleich zwei Städte im Harz dürfen sich mit dem Titel Weltkulturerbe schmücken. In Goslar wurden der Rammelsberg und die Altstadt 1992 dazu erklärt, in Quedlinburg 1994 die Stiftskirche, das Schloss und die Altstadt. 2010 kam die Oberharzer Wasserwirtschaft dazu. Die Kulturstätten sind somit besonders erhaltenswert und stehen in einer Reihe mit den Pyramiden von Gizeh oder der Chinesischen Mauer. Infos unter www.unesco.de unter dem Menüpunkt „Kultur“.

Jugendherbergen

Jugendherbergen sind nicht mehr nur eine für Schulklassen oder andere Gruppen geeignete Unterkunft, sondern auch für Familien. Häufig gibt es inzwischen Familienzimmer, oft sogar mit einem eigenen Bad ausgestattet. Kinder freuen sich über eine große Auswahl an Spielkameraden und die vielfältigen Spiel- und Sportmöglichkeiten. Ein Bolzplatz und Tischtennisplatten gehören zum Standard, häufig gibt es auch Kicker, Billard, einen Volleyball- und/oder einen Basketballplatz. Im niedersächsischen Teil des Harzes finden Sie Jugendherbergen in Goslar, Hahnenklee, Torfhaus, Braunlage und Bad Sachsa. Im Ostharz besitzen Quedlinburg, Falkenstein, Thale, Wernigerode und Schierke Jugendherbergen. Eine Übernachtung mit Frühstück kostet zwischen 15 und 24 Euro.

Kinder zwischen 2 und 12 Jahren erhalten im Landesverband Hannover, der alle JHs im westlichen Harz angehören, 30 Prozent Ermäßigung. In Sachsen-Anhalt zahlen Kinder zwischen 3 und 5 Jahren die Hälfte. Infos unter www.jugendherberge.de.

Karten

Wanderer sollten immer eine gute Karte im Gepäck haben. Zu empfehlen ist das Wander- und Fahrradkarten-Set, das bei Schmidt erschienen ist und Ober-, Ost-, Süd- sowie mittleren Harz umfasst (Maßstab 1:30.000). Zu einzelnen Regionen sind aus dem Verlag Dr. Barthel Karten im Maßstab 1:35.000 erhältlich, z. B. zum Ostharz/Bodetal, Nationalpark. Die Wintersportkarte „Der Harz“ (Schmidt-Buch-Verlag) zeigt Skiabfahrten, Loipen und Rodelbahnen. Für Radfahrer ist die ADFC-Regionalkarte „Harz“ besonders nützlich.

Kinderprogramme

Einige Orte bieten in den Ferien spezielle Programme für Kinder an. Dazu gehören Braunlage und Hohegeiß mit den „Hits for Kids“. In den Sommerferien wird fast täglich Programm geboten, zum Beispiel wird Tischtennis gespielt, mit dem Bogen geschossen, gekegelt oder getanzt. Einzelne Veranstaltungen für Kinder finden das ganze Jahr über statt. Termine erfahren Sie bei den örtlichen Tourist-Informationen. Auch der Nationalpark hat in seinem umfangreichen Programm einige Führungen für Kinder. Das Heft ist in den Nationalparkhäusern erhältlich oder kann über www.nationalpark-harz.de eingesehen werden.

Klima und Reisezeit

Das nördlichste Mittelgebirge Deutschlands zeichnet sich durch höhere Niederschläge und kühlere Temperaturen als das Umland aus. Dabei ist es im Osten und Süden insgesamt milder und regenärmer. Im Winter fällt meist ab Dezember oder Januar Schnee, der manchmal bis in den April hinein liegen bleibt. Allerdings macht sich auch im Harz die Klimaerwärmung bemerkbar, sodass man nicht mehr von wirklich schneesicheren Lagen sprechen kann.
Je höher man kommt, umso kühler wird es natürlich. Brockenwanderer sollten sich immer warm anziehen!
Als Reisezeit eignet sich das ganze Jahr, entscheiden Sie danach, was Sie unternehmen möchten. Der Herbst ist besonders schön für Wanderungen, im Winter zieht es Menschen aus ganz Norddeutschland zum Rodeln und Skifahren in den Harz. Doch auch der Frühling, wenn Brockenanemone und Roter Fingerhut (Achtung: giftig!) blühen, sowie der Sommer, wenn man im See baden kann, sind Jahreszeiten, in denen man sich im Harz sehr wohl fühlen kann.

Klimatabelle

	Jan	Feb	März	Apr	Mai	Juni	Juli	Aug	Sep	Okt	Nov	Dez
Wassertemperaturen in °C	3	4	7	12	16	19	21	20	17	12	8	3
Lufttemperaturen/Tag (in °C)/Nacht	-1,8 -2,9	3,5 -2,2	7,9 0,5	13,1 3,9	18,6 8,2	21,8 11,4	23,1 12,9	22,8 12,4	18,7 9,4	13,3 5,9	7 2,1	3,2 -1,1
Sonnenschein (in Std.) täglich	1,5	2,6	3,9	5,3	7,1	7,4	7	6,8	5,2	3,6	1,7	1,2
Niederschlag (Tage/Monat)	18	14	16	14	14	15	14	13	14	14	17	18

Kurtaxe

Viele Orte im Harz sind als Kurorte staatlich anerkannt. Für ihre Aufwendungen erheben sie einen Kurbeitrag, mit dem Kureinrichtungen, Kurparks sowie das Spuren von Loipen und ähnliche Dinge mit finanziert werden. Im Gegenzug erhalten die Touristen eine „Harzgastkarte", über die viele Einrichtungen nicht nur direkt am Urlaubsort, sondern im gesamten Harz ermäßigt oder kostenlos besucht werden können. Der Kurbeitrag wird direkt von der Unterkunft erhoben. Die Höhe beträgt für Erwachsene je nach Ort etwa 1,50 bis 2,50 Euro, Kinder erhalten eine Ermäßigung.

Literatur

Um sich auf den Harz einzustimmen, bieten sich Klassiker an wie Heinrich Heines „Harzreise", die in verschiedenen Ausgaben erhältlich ist, oder Goethes „Faust". Zum Vorlesen eignen sich die „Sagen und Märchen aus dem Harz" von Gundula Hubrich-Messow. Jüngere Kinder lieben „Die Jagd nach dem roten Edelstein", ein Bilderbuch, in dem die kleinen Finken Felix und Frida sich in Quedlinburg als Detektive betätigen. Es ist direkt beim Letterado-Verlag erhältlich (www.letterado-verlag.de).
Krimifans können sich schon vorab nach Blankenburg versetzen lassen, das

Das Bilderbuch „Die Jagd nach dem roten Edelstein" spielt in Quedlinburg

Das grüne Band

Entlang der früheren deutsch-deutschen Grenze verläuft heute ein Streifen unberührter Natur. Abgesperrt durch die Grenzanlagen entwickelte sich hier eine wertvolle Biotopkette, in der vom Aussterben bedrohte Tiere und Pflanzen eine Rückzugsmöglichkeit finden konnten. Zwischen Ilsenburg und Walkenried verläuft dieses „grüne Band" im Harz. Auf dem ehemaligen Kolonnenweg kann man wandern oder Rad fahren.

in Anne Chaplets „Russisch Blut" und „Doppelte Schuld" zu Blanckenburg wird. Schauplätze im Ort sind jedoch wiedererkennbar. In die Vergangenheit des 16. Jahrhunderts geht es in Wolf Sernos „Hitzkammer", das im fiktiven Kirchrode im Harz spielt. Schräge Kriminalfälle in der Harzregion sind Helmut Exners Spezialität, zum Beispiel in „Walpurgismord" oder „Mörderische Harzreise". Auf die Spuren von Heinrich Heine hat sich hingegen Achill Moser mit seinem 15-jährigen Sohn begeben. „Nimm nur mit, was du tragen kannst" ist eine Entdeckungsreise zu allen Stationen von Heines Harzreise. Peter Schanz wandert entlang der ehemaligen Grenze quer durch Deutschland und berichtet davon in „Mitten durchs Land – eine deutsche Pilgerreise".

Medizinische Versorgung

Sollten Sie im Notfall keinen niedergelassenen Arzt finden, z. B. nachts oder am Wochenende, hilft man Ihnen in einer dieser Kliniken weiter:

Asklepios Klinik Goslar, *Kösliner Str. 12, 38642 Goslar, Tel. 05321-44-0, zentrale@asklepios.com, www.asklepios.com/goslar.*

Kliniken Schildautal Seesen, *Karl-Herold-Str. 1, 38723 Seesen, Tel. 05381-74-13 81, u.gnauck@asklepios.com, www.asklepios.com/Seesen.*

Harz-Klinikum, *Ilsenburger Str. 15, 38855 Wernigerode, Tel. 03943-610, info@harzklinikum.com, www.harzklinikum.com.*

Klinikum Dorothea Christiane Erxleben, *Ditfurter Weg 24, 06484 Quedlinburg, Tel. 03946-90 90, info@klinikum-quedlinburg.de, www.klinikum-quedlinburg.de.*

Südharz-Krankenhaus, *Dr.-Robert-Koch-Str. 39, 99734 Nordhausen, Tel. 03631-410, info@shk-ndh.de, www.suedharz-klinikum.de.*

Medien

In der Harzregion erscheinen einige Tageszeitungen, in denen Sie sich nicht nur über das Tagesgeschehen in Politik, Wirtschaft und Sport informieren können, sondern auch über aktuelle Veranstaltungen oder das Kinoprogramm. Alle Zeitungen sind auch über ihre Internetadressen zu erreichen. Zu ihnen gehören die Goslarsche Zeitung (www.goslarsche-zeitung.de), der Seesener Beobachter (www.seesener-beobachter.de), der Harzkurier (für Osterode, Bad Sachsa, Herzberg, Bad Lauterberg, Bad Grund: www.harzkurier.de), die Mitteldeutsche Zeitung mit Lokalausgaben für Aschersleben und Quedlinburg (www.mz-web.de), die Volksstimme mit Lokalausgaben für Halberstadt und Wernigerode (www.volksstimme.de) und die Neue Nordhäuser Zeitung (www.nnz-online.de).

Nationalpark

Über knapp 25.000 Hektar erstreckt sich der Nationalpark Harz. Er entstand 2006 aus dem Zusammenschluss des Nationalparks Hochharz in Sachsen-Anhalt und des Nationalparks Harz in Niedersachsen. Die Grenzen des Areals reichen von Bad Harzburg bis Herzberg und von Ilsenburg bis Schierke mit einem Ausläufer bis Lonau sowie bis an den Nordrand des Oderstausees. Der See mit seinen zahlreichen Wassersportmöglichkeiten liegt oberhalb von Bad Lauterberg.

Im Nationalpark Harz sollen Flora und Fauna von Menschen unberührt bleiben

Ziel der Nationalparks – 14 gibt es in Deutschland, 2.000 weltweit – ist es, die Natur zu schützen und nicht in ihre Abläufe einzugreifen. So werden wertvolle Biotope mit selten gewordenen und vom Aussterben bedrohten Tier- und Pflanzenarten bewahrt. Wo der Mensch in der Vergangenheit in die Natur eingegriffen hat, erfolgen Renaturierungen, beispielsweise indem die Fichten durch Mischwald ersetzt werden. Für Besucher gibt es bestimmte Regeln zu beachten, wie das Gebot auf den Wegen zu bleiben. Hunde müssen angeleint bleiben. Der Natur darf nichts entnommen werden, auch keine Beeren oder Pilze. Und selbstverständlich sollte man keinen Müll im Wald entsorgen.

In seinen acht Besucherzentren informiert der Nationalpark Harz über seine Arbeit. Ausstellungen laden zum Mitmachen ein, auf dem Gipfel des Brockens geht es z. B. um die Geschichte und die Vegetation des größten norddeutschen Berges. In den Besucherzentren starten häufig auch die geführten Wanderungen. Der Nationalpark unterhält außerdem spannende Lehrpfade wie den Borkenkäferpfad in Ilsenburg, den NaturMythenpfad in Braunlage, den Wildnispfad Altenau oder den WaldWandelWeg Torfhaus.

Notrufe

Polizei: 110
Feuerwehr/Notarzt: 112

Öffnungszeiten

Große **Supermarktketten** haben wie in anderen Orten durchgängig und bis in

Wildfütterung

Wenn Wildschwein, Hirsch und Reh aus dem Wald treten, herrscht gespannte Stille bei allen Besuchern der Wildfütterung. Selten sieht man die Tiere frei laufend. So ist es eine gute Gelegenheit, sie bei einer solchen Wildfütterung zu beobachten. Möglich ist das am Molkenhaus und an der Marienteichbaude (siehe auch Tour 3, S.44), außerdem am Stöberhai. ***Waldgasthaus Stöberhai****, Waldhaus 1, 37447* ***Wieda****, Tel. 05586-800 80 55, sven.mantek @t-online.de, www.stoeber hai-wieda.de, tgl., im Winter etwa um 17, im Sommer gegen 18 Uhr. Und bei St. Andreasberg* ***Rehberger Grabenhaus****, 47444* ***St. Andreasberg****, Tel. 05582-789, www.rehberger-graben haus.com, Mitte Dez-Mitte März Mi, Fr, Sa 16.45 Uhr. Nur nach telefonischer Reservierung!*

den Abend hinein geöffnet. Anders ist es mit kleineren Geschäften, die auch in größeren Städten wie Goslar oder Wernigerode häufig über Mittag und abends um 18 oder 18.30 Uhr schließen.

Organisierte Ausflüge

Wandern auf fremden Pfaden, Kajak fahren oder mit Schneeschuhen den Winterwald erkunden? Wenn Sie Lust haben, mit anderen Familien an solchen Angeboten teilzunehmen, sind die Führungen von den Rangern des Nationalparks interessant, die in einem Jahresprogrammheft übersichtlich zusammengefasst sind. Das Heft ist in den Nationalparkhäusern erhältlich oder kann unter www.national park-harz.de heruntergeladen werden. Da kann man Fledermäuse orten, den wilden Wald erforschen oder am Ferienprogramm teilnehmen.

Organisierte Ausflüge bietet auch die **Harzagentur** an, die mit Indianer-Kanus auf dem Okerstausee schippert, bei Krimi-Stadtspielen per Geocaching (eine Schatzsuche per Handy) durch Goslar oder Clausthal-Zellerfeld führt oder Einsteiger aufs Mountainbike bittet [Harzagentur, Bergstr. 31, 38678 Clausthal-Zellerfeld, Tel. 05323-98 24 60, info@harz agentur.de, www.harz agentur.de].

Bei **Harz Vital** können Sie eine Kanu-Tour buchen, gemeinsam mit anderen Mountainbike fahren oder bei einer lustigen GPS-Rallye auf Schatzsuche gehen. Schon mit drei Personen ist das möglich. Im Winter geht es auf Schneeschuhen hinaus in die weiße Pracht (ab 4 Pers.) [Harz Vital, Huby Eimbeck, Im Wiesengrund 6, 38700 Braunlage, Tel. 05520-80 48 19, info@harz-vital.de, www. harz-vital.de].

Reiterferien

Ferien auf dem Pferderücken sind für viele Kinder das Glück auf Erden. Einige Reiterhöfe bieten Reiterferien an, bei denen die Kinder ohne Eltern meist eine Woche lang auf dem Hof wohnen. Anderen Höfen kann man auch einfach so einen Besuch abstatten und dort Pony reiten, oder es werden Unterkünfte für die ganze Familie geboten. Eine Auswahl an Adressen:

Das Glück dieser Erde liegt auf dem Rücken der Pferde

Villa Kunterbunt, *Ringerhalde 4, 38678 Clausthal-Zellerfeld, Tel. 05323-31 65, uta@reiterferien-harz.de, www.reiterferien-harz.de. Reiterferien, Reitstunden, Ponyreiten im Oberharz.*
Sonnenhof, *In den Abtshöfen 1, 38678 Clausthal-Zellerfeld, Tel. 0152-07 70 33 00, info@die-sonnenreiter.de, www.die-sonnenreiter.de. Reitferien, Reitunterricht, Ferienbetreuung, Pony-Führerschein.*
Reiterhof Falada, *Worthstr. 2, 38690 Vienenburg, Tel. 0160-535 44-05, info@reiterhof-falada.de, www.reiterhof-falada.de. Reiterferien, Reitunterricht.*
Reiterhof Gothe, *Badeborner Weg 6, 06507 Gernrode-Rieder, Tel. 039485-615 82, info@reiterhof-gothe.de, www.reiterhof-gothe.de. Kutschfahrten, Reitstunden, Schnupperkurse, Pension.*
Reiterhof Wernigerode, *Friederikental 1, 38855 Wernigerode, Tel. 03943-241 44, info@reiterhof-wernigerode.de, ww.reiterhof.wernigerode.de. Reitstunden, Kutschfahrten, Kinderreiten im Hippodrom, Ferienwohnungen, Heuhotel.*
Reiterhof Pilger, *Gartenhaus 1, 06543 Falkenstein, Tel. 034743-81 64, Reiterhof.Pansfelde@t-online.de, www.reiterhof-pansfelde.de. Reiterferien (ab 8 J.), Kremser- und Schlittenfahrten, Ferienhäuser, Heulager. Unterhalb der Burg Falkenstein.*
Reiterhof Wendefurth, *Am Oberbecken 1, 38889 Wendefurth, Tel. 039456-922, info@reiterhof-an-der-talsperre.de, www.reiterhof-an-der-talsperre.de. Reiterferien, Reitstunden, Wanderritte.*

Tiere

Wenn Sie mit Hund oder Katze Urlaub machen, sollten Sie vorher bei Ihrer Unterkunft anfragen. Oft dürfen die Vierbeiner gegen Aufpreis mit. Für Hunde gilt in Niedersachsen Leinenpflicht von April bis Mitte Juli, in Sachsen-Anhalt schon ab März. Generell müssen Besitzer auf ihren Hund achtgeben. Im Wald könnte er ein Wildtier aufstöbern und weglaufen. Frei im Wald toben dürfen Hunde im Hundewald in Wildemann (www.hundewald-harz.de). Der ist frei von Wild und umzäunt. Parken am Ortsausgang in Richtung Clausthal-Zellerfeld.

Unterkünfte

Waldhotel Ilsestein
In dem Familienhotel am Eingang zum Ilsetal vergnügen sich Eltern und Kinder im Pool, in der Baby-Krabbelstube, beim Tischtennis, Billard und Kicker. An der Eselstation freuen sich Max, Momo und Moritz über Besuch. Sogar der Eselführerschein kann abgelegt werden.
Ilsetal 9, 38871 Ilsenburg, Tel. 039452-952-0, waldhotel@online.de, www.waldhotel-ilsenburg.de. € 42-48/ÜF, Kinder bis 6 J. frei, 7-16 J. € 25/ÜF.

Best Western Premier Vital Hotel Bad Sachsa
Im Vier-Sterne-Vital Hotel fühlt sich die ganze Familie pudelwohl. Spielzimmer, hauseigenes Kinderkino und das Spa- und Wellnessangebot speziell für den Nachwuchs mit Kindermassagen, Honig-Quark-Gesichtsmasken sowie Frucht-Aromabädern sorgen für Spaß und Entspannung. Kinder bis 12 Jahre schlafen im Elternzimmer kostenfrei. Es gibt Familienzimmer mit Verbindungstüren. Alle Zimmer sind Nichtraucherzimmer.
Am Kurpark 1-3, 37441 Bad Sachsa, Tel. 05523-94 38-0, info@vitalhotel.bestwestern.de, www.vitalhotel.de. DZ ab € 147.

Family Club Harz Parkhotel Otto III. Quedlinburg
Das Vier-Sterne-Hotel bietet schöne Familienzimmer. Einige haben auch eine Verbindungstür. Zu der Anlage gehören ein großer Garten mit Pool, Spielplatz, Tennisplatz sowie Ponys und ein Streichelzoo. Im Hotel gibt es ein Spielzimmer und einen weiteren, kleinen Pool.
Westerhäuser Str. 43, 06484 Quedlinburg, Tel. 03946-77 22-0, info@familyclub.de, www.familyclub.de. DZ mit HP je Pers. € 54-98, Kinderfestpreise nach Alter € 16-30, auch Apartments und Ferienhäuser auf dem Grundstück.

Ferienhof Morich
Auf dem Bauernhof leben Shetlandponys und viele Streicheltiere in der Spielscheune. Der große Garten mit

Eine Entdeckungstour mit Papa ist für Sohnemann das Größte

Spielgeräten wie Trecker, Schaukel, Kicker, Sandkasten und Bobbycar lädt zum Austoben ein. Ponyreiten ist für Ferienkinder inklusive.
Bockelnhagener Str. 3, 37431 Bad Lauterberg-Bartolfelde, Tel. 05524-49 24, Ferienhof.Morich@t-online.de, www.ferienhofmorich.de. Ferienwohnung € 50-69/Nacht, DZ € 20-25/ Nacht, Blockhaus € 65-90/Nacht.

Ferienpark Bodetal
Der zentral in Thale gelegene Ferienpark besitzt 19 Ferienwohnungen und sechs Doppelzimmer. Zur Ausstattung gehören der Kinderspielplatz, Tischtennisplatten, eine Spielwiese, ein Außenpool, Freizeiträume und das Wellnesshaus.
Hubertusstr. 9-11, 06502 Thale, Tel. 03947-77 66-0, info@ferienpark-bodetal.de, www.ferienpark-thale.de. Ferienwohnung € 44-159/ Nacht, DZ € 75-115/Nacht.

Panoramic Hohegeiß
Das Apartment-Hochhaus bietet Weitblick. Zur Ausstattung gehören ein Schwimmbad, Kegel- und Bowlingbahnen, Spielplatz, Minigolf, Tischtennis sowie Billard. Sind die Kleinen in der Kinderbetreuung im Kid's Club, haben auch Sie mal frei.
Am Kurpark 3, 38700 Hohegeiß, Tel. 05583-710, hotel@panoramic.de, www.panoramic.de. Apartment für 2 Pers. NS € 57, HS € 73, auf Familienpakete, Frühstück und HP zubuchbar.

Hasseröder Ferienpark
Der Ferienpark am Rande von Wernigerode besitzt auf seinem Gelände das Erlebnisbad Brockenblick, einen Indoorspielplatz, Kegel- und Bowlingbahnen sowie einen Wellnessbereich. Fünf Haustypen stehen zur Auswahl. Fast alle bieten einen Blick auf den Berg Brocken.
Nesseltal 11, 38855 Wernigerode, Tel. 03943-55 70-0, info@hasseroeder-ferienpark.de, www.hasseroeder-ferienpark.de. Ferienwohnung € 84-127/Tag, Reihenhaus € 124-189/ Tag, auch Wochenendpreise.

Landhaus Kemper
Das Landhaus in einer ehemaligen Brauerei besitzt individuell eingerichtete und künstlerisch gestaltete Zimmer. Gemütlich geht es im Kaminzimmer und im Innenhof mit eigener Quelle zu, die gleiche Maxime gilt für die Slow-Food-Küche. In den Sommerferien gehen Nachwuchsartisten gerne in die Kinder-Zirkusschule.
An der Trift 19, 38678 Buntenbock, Tel. 05323-17 74, kontakt@landhaus-kemper.de, www.landhaus-kemper.de. Übernachtung im DZ oder Apartment € 35-60 pro Pers., Kinder bis 6 J. € 13, Kinder 6-13 J. € 25.

Wald- und Sporthotel Festenburg
Das kinderfreundliche Hotel in schöner Waldlage besitzt ein Schwimmbad, ein Restaurant, eine Kegelbahn, einen Spielplatz und ein Spielzimmer. Auch Minigolf und Beachvolleyball können gespielt werden.
Festenburg 3, 38673 Clausthal-Zellerfeld, Tel. 05323-886-0, festenburg@bsw24.de, www.hotel-festenburg.de. DZ Hauptsaison € 70-76, Ferienwohnung € 71-85, Kinder bis 10 J. frei, 10-15 J. € 15.

Tannenpark
Mitten im Harz gelegen, bietet sich der Tannenpark als idealer Ausgangspunkt für Erkundungen an. Die Grünanlage bietet ein Restaurant, ein Schwimmbad, einen Tennisplatz und einen Abenteuerspielplatz für die Kleinen.
Schierker Weg 16, 38875 Tanne/ Harz, Tel. 039457-408 08, info@ tannenpark.de, www.tannenpark.de. DZ € 75-105, Apartment € 54-149, Ferienhaus € 109-177.

Ziegenalm Sophienhof
Vier Ferienwohnungen und ein Heu-Hotel sind die Unterkünfte auf der Ziegenalm. Der Kinderspielplatz mit Sandkasten, die Schaukel und das Planschbecken machen die Kinder glücklich, die große Liegewiese, die Ruhe und der Grillplatz erfreuen die Eltern. In der Almstube gibt es Käse und Eis aus Ziegenmilch.
Dorfstr. 44, 99768 Sophienhof, Tel. 036331-482 35, mail@ziegenalm.de, www.ziegenalm.de. Ferienwohnung € 45-50, Heu-Hotel ab € 40 (2 Pers.), jede weitere Person € 10.

Urlaub auf dem Bauernhof
Trecker fahren, kleine Kätzchen streicheln und Ferkel auf den Arm nehmen? Das ist für Kinder das Größte! Am Harzrand bieten einige Höfe diese Form des Urlaubs an. Infos unter www.bauernhofurlaub.de und www.bauernhofferien.de. Hier bei der Arbeitsgemeinschaft Urlaub und Freizeit auf dem Lande e. V. können Sie auch Kataloge bestellen, auch zu Heuhotels.
Lindhooper Str. 63, 27283 Verden, Tel. 04231-96 65-0, info@bauernhofferien.de.

Beim Anblick dieser süßen rosa Nasen und Ohren schlägt jedes Kinderherz höher

Einkaufen & Mitbringsel

Das typische Harzer Souvenir ist wohl die Hexe, die in allen erdenklichen Versionen in den Andenkenläden erhältlich ist. Doch der Harz hat noch wesentlich mehr zu bieten. Sowohl in kulinarischer wie auch in kunsthandwerklicher Hinsicht lassen sich schöne Geschenke und Mitbringsel finden. Oder Sie kaufen gleich für sich selbst ein und nehmen ein Stück vom Harz mit nach Hause!

Kunsthandwerk

Tonwaren, Holz- und Metallkunst, Glas, Schmuck oder Seidentücher gehören zum Angebot mehrerer Kunsthandwerkerhöfe. Im **Goslarer Großen Heiligen Kreuz** laden mehrere kleine Stübchen zum Erkunden ein. Goldschmuck, handgeritztes Glas, Keramik und Textilien gehören zu den besonderen Stücken, die hier erhältlich sind [Hoher Weg 7, 38640 Goslar, Tel. 05321-218 00, www.kunsthandwerk-goslar.de, Di-Sa 11-17 Uhr, März-Okt auch So]. Rund um einen hübschen Hinterhof versammeln sich in **Wernigerodes Kunsthof** eine Dänenstube, die kleinste Porzellanmanufaktur Europas, eine Naturwerkstatt und vieles mehr. Die gestrickten Zipfelmützen von Familie Reinsdorf halten im Winter schön warm [Marktstr. 1, 38855 Wernigerode, Tel. 03943-63 26 30, kunstverein-wernigerode@t-online.de, www.kunstverein-wernigerode.de, tgl. 11-17 Uhr]. Auch Clausthal-Zellerfeld besitzt einen Kunsthandwerkerhof, und zwar in der **Alten Münze**. In der Glasbläserei sind Kugeln, Gläser und Vasen mit feinsten Verzierungen erhältlich. Sie dürfen auch beim Glasblasen zuschauen (siehe S. 51). In dem Hof gibt es außerdem eine Goldschmiede, eine Seidenmalerei und die Holz- und Glasspielerei. Im **Café Sti(e)lbruch** lässt sich vom Shoppen pausieren [Kunsthandwerkerhof in der Alten Münze, Bornhardtstr. 11, 38678 Clausthal-Zellerfeld, Tel. 05323-836 38, www.clausthal-zellerfeld.de, www.glasblaeserei.de, www.cafe-stilbruch.harz.de, Do 11-22, Fr-Mi 11-18 Uhr]. In der **Filzmanufactur** werden Kleidung und Nützliches hergestellt und verkauft [Filzmanufactur, Marktstr. 7, 06484 Quedlinburg, Tel. 03946-51 41 90, contact@filzmanufactur.de, www.filzmanufactur.de, Mo-Fr 10-18, Sa 10-16 Uhr]. Zum **Café Winuwuk** am Waldrand von Bad Harzburg gehört der Sonnenhof. In dem von Bernhard

Polsterberger Hubhaus

Direkt vor Ort verspeisen lassen sich Currywurst vom Wildschwein mit Bratkartoffeln oder gebratener Ziegenfrischkäse im ***Polsterberger Hubhaus****. Hier wohnte einst der Hubmeister, der darauf achtgab, dass das Wasser das Dammgrabens korrekt auf das höhere Niveau angehoben wurde. Polsterberg 1, 38678* ***Clausthal-Zellerfeld****, Tel. 05323-55 81, polsterberger hubhaus@harz.de, www.polsterberger-hubhaus.harz.de, Juni-Okt tgl. 11-19 Uhr, Nov-Mai Mi-So 11-19 Uhr.*

Hoetger erbauten Gebäude mit dem dreieckigen Eingang und dem runden Raum mit Innenhof sind ebenfalls viele schöne Dinge zu erstehen, darunter Gartenobjekte, Holzmasken und Klangspiele [Waldstr. 9, 38667 Bad Harzburg, Tel. 05322-502 00, www.winuwuk.de, Di-So 14-18 Uhr, Café Mi-So 11.30-18 Uhr].

Kulinarisches

Mit Wildschweinsalami, Hirsch-Landjägern oder Wildpastete als Mitbringsel machen Sie bestimmt nichts verkehrt, zumindest nicht für Fleischesser. Erhältlich sind solche Wildspezialitäten bei der **Fleischerei Lampertz** in St. Andreasberg [Dr.-Willi-Bergmann-Str. 16, 37444 St. Andreasberg, Tel. 05582-760, lambertz-harz@t-online.de, www.lambertz-harz.de, Mo, Di, Do, Fr 7.30-13 und 15-18, Mi 7.30-12.30, Sa 7-13 Uhr]. Die Produkte sind auch online erhältlich. Bei der **Fleischerei Sühl** in Braunlage erhalten Sie neben Fleisch und Wurst auch Liköre, Öle und Tee [Herzog-Wilhelm-Str. 17, 38700 Braunlage, Tel. 05520-13 58, suehls-harzspezialitaeten@t-online.de, www.suehls-harzspezialitaeten.de, Mo-Sa 8-18, So 10-18 Uhr]. Auch in Wernigerode gibt es Sühls Harzspezialitäten zu kaufen. Brockensplitter, Wildschweinleberwurst, Harzer Handkäse oder Hirschsalami bringen den Harz zu Ihnen nach Hause. Alle Produkte gibt's auch im Onlineshop [Breite Straße 53, 38855 Wernigerode, Tel. 03943-60 11 19, info@harzspezialitaeten.de, info@harzspezialitaeten.de, Mo-Fr 9-18, Sa 9-16, So 11-16 Uhr]. Für Käsefans hat die **Ziegenalm in Sophienhof** (siehe S. 79) neben Ziegensalami und Rotwurst auch Frisch-, Weich- und Schnittkäse sowie Trinkjoghurt, natürlich alles aus eigener Ziegenmilch hergestellt [Dorfstr. 44, 99768 Sophienhof, Tel. 036331-482 35, mail@ziegenalm.de, www.ziegenalm.de, Di-So 11-18 Uhr, Nov-Ostern nur Do 12-18 und Sa, So 10-18 Uhr]. Ziegenkäse gibt es auch auf dem **Oberharzer Bergbauernmarkt**, ein Einkaufsparadies für Harzer Spezialitäten [Bornhardtstraße, Clausthal-Zellerfeld, Mai-Okt 18-22 Uhr], und auf mehreren Wochenmärkten in der Region. Kräuter und alles, was man aus ihnen machen kann, bietet der **Kräuterpark Altenau** (siehe S. 23), während leckerer Baumkuchen in Wernigerode beheimatet ist. Dort lassen sich im Zentrum bei der Genuss-Compagnie auch Schokolade und Tees erstehen [Breite Str. 12, 38855 Wernigerode, Tel. 03943-26 76 53, Mo-Sa 9-18, So 11-18 Uhr]. Honigprodukte, aber auch Kerzen aus Bienenwachs erhalten Sie bei der **Imkerei Quellmalz**, die auch ein Waldcafé betreibt [Kupferhütte 1, 37431 Bad Lauterberg, Tel. 05524-85 28 80, info@imkerei-quellmalz.de, Mo, Mi-Fr 13-18, Sa, So 12-19 Uhr, im Winter Fr-Mo 13-17 Uhr, Nov geschlossen].

Edelpilz-Kulturen lassen den Ziegenkäse zu einer Delikatesse werden

Beliebtes Mitbringsel aus der Grube Samson: der Andreastaler

Hochprozentiges

Überall erhältlich ist der bekannte Schierker Feuerstein, ein Halbbitter-Kräuterlikör, den der Apotheker Willy Drube 1924 zum Patent anmeldete. Benannt ist er nach der rötlichen Farbe der Feuersteinklippen in der Nähe von Schierke. Wer Biertrinkern eine Freude machen will, greift zu Hasseröder. Etwas ganz Besonderes ist das Gose-Bier, das seit einigen Jahren wieder in Goslar gebraut wird, oder das Lüdde-Bier aus Quedlinburg. Für ihren echten Nordhäuser Doppelkorn ist die Stadt am südlichen Harzrand bekannt. Feine Liköre stellt man auch im **Kloster Wöltingerode** in der Nähe von Vienenburg her [Wöltingerode 1, 38690 Vienenburg, Tel. 05324-58 80, kloster@woeltingerode.de, www.woeltingerode.de, Laden Mo-Fr 13-16.30 Uhr, sonst Verkauf im Klosterkrug (Di-So 11-22 Uhr), Führungen Do 15.30, Sa, So 14 Uhr]. Sogar Whisky kommt aus dem Harz. Der Single Malt aus der Zorger **Hammerschmiede** ist besonders mild. Die kleinste Spirituosenmanufaktur im Harz stellt außerdem Liköre und Brände her, z. B. Zorger Bärwurz oder Schmiedefeuer [Elsbach 11a, 37449 Zorge, Tel. 05586-82 82, info@hammerschmiede.de, www.hammerschmiede.de, Mo-Fr 9-17, Sa 9-15, Führung Mo-Sa 11, Sa auch 13.30 Uhr].

Und was noch?

In vielen Bergwerksmuseen werden Mineralien zum Verkauf angeboten, z. B. in der Grube Samson in St. Andreasberg. Voller bunter Souvenirs und immer einen Blick wert sind auch die Shops der Nationalparkhäuser, z. B. in St. Andreasberg oder Torfhaus. Wurst und Fleisch vom Harzer Roten Höhenvieh gibt es beim **Brockenbauern**, z. B. Rinderbratwurst, Hirtenpeitschen oder Bauernschinken. Ziegenbockwurst ist eine Spezialität zu Weihnachten. Der Hof ist ein Schaubauernhof [Brockenbauer Thielecke, Schierker Weg 13, 38875 Tanne, Tel. 039457-33 12, thielecke@brockenbauer.de, www.brockenbauer.de, Hofladen Mi-Sa 15-17 Uhr].

Führung durch die Traditionsbrennerei

*Wie aus Getreide Schnaps wird, zeigt die **Traditionsbrennerei Nordhausen** bei einer Führung. Dabei geht es zum Mühlenraum, in den Maischekeller und den Brennraum. Auch Kinder dürfen teilnehmen, erhalten aber natürlich bei der Verkostung keinen Schluck, sondern Gummibärchen! Grimmelallee 11, 99734 **Nordhausen**, Tel. 036 31-99 49 70, echter-nordhaeuser@eckes-stock.com, www.traditionsbrennerei.de, Mo-Sa 14 Uhr, Erw. € 6, Kinder € 1.*

Festkalender

Das typischste Fest ist wohl die Walpurgisnacht, die überall im Harz am 30. April groß gefeiert wird. Doch auch Schlittenhunderennen und Viehaustrieb sind für die Besucher aus anderen Regionen sehr interessant. Hinzu kommen ortstypische Feste wie der Kaiserfrühling in Quedlinburg, das Sehusafest in Seesen oder das Ritterturnier auf Burg Regenstein bei Blankenburg. Zum Jahresabschluss eröffnen natürlich auch im Harz die Weihnachtsmärkte, einige mit einem schönen Kinderprogramm.

Januar/Februar

Schlittenhunderennen

Wenn Huskys und Malamutes durch die verschneite Winterlandschaft ziehen, kann man sich glatt wie in Alaska fühlen. Im Januar rennen die Schlittenhunde in Hasselfelde (Pullman City) und Benneckenstein, im Februar in Clausthal-Zellerfeld. Fehlt der Schnee, ziehen die Hunde entweder Wagen mit Rädern oder das Rennen muss abgesagt werden.

Februar

Winterfest in Stolberg

Am 1. oder 2. Sonntag im Februar steigt am Josephskreuz auf dem Auerberg bei Stolberg das Winterfest. Spiel und Spaß für die ganze Familie werden geboten – vielleicht sogar im Schnee. Das Waldfest im Juli ist das sommerliche Pendant.

April

Walpurgisnacht

Dem Volksglauben nach fliegen die Hexen in der Nacht vom 30. April zum 1. Mai zum Blocksberg. Frauen, Männer und Kinder verkleiden sich als Hexen und Teufel. Umzüge und ein Musik- und Showprogramm werden ebenfalls geboten. Oftmals geht es am Nachmittag mit einer eigenen Kinderwalpurgis los. Besonders ausgelassen feiert man in Thale, Bad Grund, Schierke, Ilsenburg und Hahnenklee.

Faust auf dem Brocken

Faust auf dem Brocken erleben? Seit 2006 ist das möglich durch eine Kooperation mit der Brockenbahn und dem Brockenwirt. Nach der Fahrt auf den höchsten Berg im Harz wird im **Goethesaal** *die Rock-Oper rund um Faust, Gretchen und Mephisto aufgeführt. Informationen und Karten erhalten Sie bei den Harzer Schmalspurbahnen, Tel. 03943-55 81 53, faust-brocken@hsb-wr.de, www.hsb-wr.de. Eine Karte kostet inklusive Zugfahrt und Imbiss € 79,66.*

Mai/Juni

Viehaustrieb

Traditionell wird das Vieh im Frühling auf die grünen Weiden gebracht. Das feiert man nicht nur mit einem Umzug durch den Ort zu den Weiden, bei dem die Viehhirten natürlich in ihre Tracht gekleidet sind und auch das Vieh herausgeputzt daherkommt, sondern auch mit einem großen Programm. In Bad Grund wird der Viehaustrieb am 1. Mai begangen, in Wildemann ist es Pfingstsonntag so weit. Anfang Juni feiert man in Sankt

Hex, hex! Zur Walpurgisnacht dürfen sich die Damen gruselig aufbrezeln

Andreasberg das Wiesenblütenfest, das ebenfalls mit einem Viehtreiben beginnt.

Pfingsten

Kaiserfrühling

Jedes Jahr zu Pfingsten feiert man in Quedlingburg in historischem Gedenken. Beim Kaiserfrühling kann man an drei Tagen nicht nur den mittelalterlichen Markt am Schlossberg besuchen, sondern auch der Reichsversammlung unter Otto I. und der Einsetzung der ersten Quedlinburger Äbtissin beiwohnen. Der erste Teil des Kaiserfrühlings findet übrigens schon am Ostersonntag statt. Dann ziehen bei einer feierlichen Osterprozession Kaiser Heinrich und seine Nachfolger, die Ottonen, durch die Innenstadt (www.kaiserfruehling-quedlinburg.de).

Finkenmanöver in Benneckenstein

Benneckenstein ist heute der einzige Ort in Deutschland, in dem der traditionelle Sangeswettstreit der Buchfinken gepflegt wird. Am Pfingstmontag um 6 Uhr beginnt der Wettbewerb am „Waldschlösschen“ an der Waldschneise. Zu dem Fest gehört das Abbrennen der Pfingstfeuer, in denen dann die Pfingstwürstchen gebraten werden. Ein buntes Programm wird auf der Waldbühne geboten.

Juli

Sommerfest in Hahnenklee

Am letzten Samstag im Juli geht es im Hahnenkleer Kurpark hoch her. Kunsthandwerk und kulinarische Köstlichkeiten erfreuen die Eltern, ein SpielSpaßPark die Kinder.

Ritterturnier auf Burg Regenstein

Die Ritter sind da! Ein ganzes Wochenende im Juli steht auf der Burg Regenstein bei Blankenburg im Zeichen des Mittelalters. Speis und Trank von anno dazumal lassen sich genießen, Gaukler und Narren sorgen für Stimmung. Der Höhepunkt aber ist ein ganzes Ritterturnier, bei dem die edlen Herren hoch zu Ross in spannenden Prüfungen gegeneinander antreten.

Welfenspectaculum
Mittelalterliches Treiben beherrscht ein Wochenende im Juli das Welfenschloss in Herzberg. Magie, Gaukeleien und Ritterkämpfe sorgen für erlebnisreiche Stunden.

August

Salz- und Lichterfest
Am vorletzten Wochenende im August gehen in Bad Harzburg 10.000 Lichter an. Das Lichtermeer erhellt die Stadt in der Abenddämmerung und verzaubert die Besucher. Neben Musik auf mehreren Bühnen gibt es am Samstagabend ein Feuerwerk im Stadtpark. Zwischen 14 und 20 Uhr öffnet außerdem am Samstag die Kinderspielzone im Kurpark mit Kletterturm, Rutsche und Hüpfburg.

Juesseefest
Drei Tage im August wird am Juessee in Herzberg gefeiert. Der Samstagvormittag ist den Kindern vorbehalten. Bei Sport und Spiel wird für genügend Spaß gesorgt. Am Samstagnachmittag gibt es den Startschuss zur Papierboot-Regatta. Bands unterschiedlicher Couleur spielen auf der Bühne, außerdem gehört eine Sportrevue zum Programm.

September

Sehusafest
Am 1. Wochenende im September wird in Seesen das historische Sehusafest gefeiert. Szenen aus der Vergangenheit des Ortes werden in stilechten Gewändern aufgeführt. Dabei wird ein Bogen geschlagen vom Mittelalter bis zum Rokoko. Da gibt es eine Freilichtaufführung an der Burg Sehusa, einen historischen Markt im Schlosspark, ein Landsknechtlager und einen großen Umzug.

Oktober

Hahnenkleer Märchenwoche
Eine Woche lang erwartet Familien ein märchenhaftes Programm. Da gibt es Theatervorführungen, Lesungen, eine Schatzsuche oder Konzerte.

Dezember

Weihnachten im Harz
Toll für Familien ist der Weihnachtsmarkt in Goslar. Vor der schönen Kulisse auf dem Markt und dem Schuhhof wird neben den üblichen Ständen ein ganzer Weihnachtswald aufgebaut. Beliebt bei den Kleinen sind die Kindereisenbahn und der Streichelzoo. Natürlich lohnen sich auch die anderen Märkte. In Halberstadt kommt täglich der Weihnachtsmann, in Clausthal-Zellerfeld kann man die schöne Weihnachtspyramide und einen Harzer Schwibbogen bewundern. In Quedlinburg ist der Advent in den vielen Innenhöfen inzwischen schon überregional bekannt. In Wernigerode bietet der Marktplatz mit seinem Rathaus eine schöne Kulisse. Festliche Stimmung unter Tage kommt auf beim weihnachtlichen Rammelsberg (siehe S. 40).

Advent in Goslar mit Kunsthandwerk, Leckereien und Weihnachtswald

Flora & Fauna

Wald

Als Mittelgebirge besitzt der Harz mit seinen unterschiedlichen Höhen natürlich auch unterschiedliche Lebensräume. Weite Teile sind von Wald bedeckt.
Im Westharz beherrschen Fichten das Bild. Ab einer Höhe von 1.000 Metern herrscht gar subalpines Klima. Oberhalb der natürlichen Waldgrenze können sich nur kleinwüchsige Fichten neben Zwergstrauchheide und alpinen Pflanzen halten. Darunter Isländisches Moos, die Rentierflechte oder die Krähenbeere, ein immergrüner Zwergstrauch. Die weiß blühende Brockenanemone, ursprünglich aus Asien, wächst in Deutschland nur auf dem höchsten Harzgipfel. Ganz anders an den Randlagen: Rotbuchen und Eichen dominieren hier den Wald, aufgelockert durch saftige Wiesen.
In den Wäldern leben Rothirsche, Wildschweine und Rehe. Ein Rückzugsgebiet hat hier der vom Aussterben bedrohte Luchs gefunden, den man erfolgreich wieder angesiedelt hat. Weitere Säugetiere sind Fuchs, Mufflon, Dachs, Baummarder und Waschbär. Viele Vögel haben im Wald ihren Lebensraum. Das Auerhuhn wurde erfolgreich wieder angesiedelt, ist in freier Wildbahn aber kaum zu sehen. Dafür bietet das Auerhuhn-Schaugehege bei Lonau die Möglichkeit, die großen Hühnervögel live zu erleben. Abends sind die Rufe von Käuzchen zu hören, auch Mäusebussarde und andere kleinere Greifvögel fühlen sich wohl im Harz. Zurückgekehrt in den Harz ist der Schwarzstorch, dem u. a. die Renaturierung einiger Fließgewässer zugutekam.

Gartenträume

Das Bundesland Sachsen-Anhalt vereint im ***Projekt Gartenträume*** *besonders sehenswerte Gartenanlagen ganz unterschiedlicher Art. Der Klostergarten in Drübeck zeigt seine Schönheit genauso wie der Bürgerpark in Wernigerode, der Landschaftsgarten Spiegelsberge, die Barocken Gärten in Blankenburg oder der Brühlpark in Quedlinburg. In einigen Gärten wurden dazugehörige Läden eröffnet, in denen bunte Blumen und schöne Garten-Accessoires erstanden werden können – zum Beispiel als Andenken oder Mitbringsel. Weitere Infos: www.gartentraeume-sachsen-anhalt.de.*

Hochmoore

Neben dem Wald beherrscht eine zweite Landschaft den Harz: die Hochmoore, die sich rund um den Brocken finden. Sie entstanden vor 8.000 bis 10.000 Jahren. Bekannt ist u. a. das Große Torfhausmoor. Hier wachsen vor allem Torfmoose. Die abgestorbenen unteren Pflanzenteile bilden die Grundlage für die Entstehung von Torf. Weitere Pflanzen sind an die Bedingungen im Moor angepasst. So wächst hier das Wollgras, das im Frühling weiß blüht, außerdem die Moosbeere, die Besenheide und der Rundblättrige Sonnentau. Seltene Libellen und Schmetterlinge haben sich hier angesiedelt, z. B. die Alpen-Smaragdlibelle und die Hochmoor-Mosaikjungfer.

Fließgewässer

Eine ganze Reihe von Bächen und Flüssen durchzieht den Harz: Die Bode, die Oker und die Innerste zählen dazu. Auch sie bilden den Lebensraum besonderer Tiere und Pflanzen. So lebt am Rande der Fließgewässer der gefährdete Feuersalamander. Mit ein wenig Glück lässt sich an feuchten Tagen einer der schwarz-gelb gemusterten Lurche blicken. Wasseramsel, Gebirgsstelze und der hübsche Eisvogel suchen an den Ufern nach Nahrung. Im Wasser leben die Bachforelle und die seltenere Groppe. Typische Pflanzen sind neben Moosen, Algen und Flechten im und am Wasser der Platanenblättrige Hahnenfuß mit weißen Blüten oder der lilafarbige Alpen-Milchlattich.

Karst

Am südlichen Harzrand hat der Karst die Landschaft geformt. Kalkstein wird vom Wasser ausgelaugt, sodass sich Höhlen bilden. Trocken- und Halbtrockenrasen sowie Streuobstwiesen bilden die oberirdische Landschaft. Ringelnatter und Molche kriechen durchs Gestein, Springfrosch und Geburtshelferkröte hüpfen umher, und in den Felswänden leben Uhus. In den Buchenwäldern wachsen einige Hundert Pilzarten, 37 Orchideenarten kommen vor. Zu den geschützten Pflanzen zählen der Fransen-Enzian, die Aufrechte Trespe und der Weidenblättrige Alant. Die Karstlandschaft Südharz ist als Biosphärenreservat geschützt.

Höhlen und Wiesen

In den vielen Höhlen und stillgelegten Bergwerksstollen kommt häufig die Fledermaus vor. 13 verschiedene Arten wurden im Harz gezählt. Mopsfledermaus, Großes Mausohr und Zwergfledermaus leben z. B. in der Heimkehle bei Uftrungen (siehe S. 82). Auch auf den Bergwiesen sind seltene Arten heimisch, z. B. bei St. Andreasberg und bei Hohegeiß, wo der vom Aussterben bedrohte Lilagold-Feuerfalter entdeckt wurde.

Nationalpark

Im Jahre 2006 schlossen sich die Nationalparks Hochharz und Harz in Sachsen-Anhalt und Niedersachsen zusammen und umfassen jetzt etwa ein Zehntel der Fläche des gesamten Harzes. Zum Konzept gehört es nicht nur, die Natur in weiten Teilen Natur sein zu lassen, sondern auch dem Menschen die selten gewordenen Tier- und Pflanzenarten nahezubringen (siehe auch S. 106).

Harzer Wiesen und Bäche sind Heimat viel seltener Tier- und Pflanzenarten

Geschichte

Die ersten Menschen, die in die Harzregion kamen, waren Jäger und Sammler der Altsteinzeit. Sie jagten jedoch eher am Rand des Gebirges, denn der Harz selbst war von dichtem Wald bedeckt und eher unwirtlich. Mammuts, Höhlenbären und das Wollnashorn waren am oder im Harz heimisch. Spuren des Neandertalers, nämlich eine ganze Reihe von Steinwerkzeugen, fand man in der Einhornhöhle. Auch in den Rübeländer Tropfsteinhöhlen konnte man Leben in der Steinzeit nachweisen. In Königsaue bei Aschersleben wurde mit einem Klumpen Birkenpech ein bedeutsamer Fund gemacht, denn dieser Klebstoff der Frühmenschen wurde ansonsten nur in der Jungsteinzeit nachgewiesen.

Erste Siedler

Ab etwa 9000 v. Chr. wurden die Menschen in Mitteleuropa sesshaft. Auch im Harz vollzog sich dieser Wandel. Erste Bauern betrieben Ackerbau und Viehzucht im Harzer Vorland. Die Bedingungen waren günstig. Das Land war fruchtbar, Wald und Bäche lieferten weitere Nahrungsquellen, Steine und Lehm dienten der Herstellung von Werkzeug und gaben Ton zum Töpfern. Die Art und Verzierung der Gefäße lässt die Menschen der Region zur Bandkeramikkultur zählen. Typische Unterkünfte sind die Langhäuser, deren Wände aus dünnen Zweigen geflochten und dann mit Lehm verputzt wurden. Etwas später datiert die Trichterbecherkultur, die z. B. bei Quedlinburg nachgewiesen wurde. Dass man während der Bronzezeit bis in den Oberharz vordrang, zeigen Kultplätze wie die an der Hexentreppe auf dem Wurmberg bei Braunlage. Vor allem aber war man nun auf der Suche nach Metallen. Kupfer wurde bei Bad Lauterberg und Thale gefunden. Um 1000 v. Chr. wurde am Rammelsberg bei Goslar schon Eisenerz abgebaut. Das Vorkommen von Metall sollte in Zukunft noch eine wichtige Rolle spielen, bedeutete es doch Reichtum!

Historie in Zinn gegossen

*Im **Zinnfigurenmuseum** in der Lohmühle zeigen Dioramen nicht nur die Goslarer Geschichte, sondern auch Szenen aus der Historie des Harzes. Die Kaiser des 10. bis 12. Jahrhunderts sind genauso Thema wie der Gang nach Canossa und die Auswirkungen des Dreißigjährigen Krieges auf ein Harzer Dorf. In der Schauwerkstatt sieht man, wie eine Zinnfigur entsteht, beim Märchenquiz darf gerätselt werden. Und mit der Kombikarte besuchen Sie gleich noch das **Goslarer Museum** gegenüber. Klapperhagen 1, Tel. 05321-258 89, kontakt@goslar-zinnfigurenmuseum.de, www.zinnfigurenmuseum-goslar.de, Di-So 10-17 Uhr, Erw. € 4, Kinder (6-17 J.) € 2, Familien € 9, Kombikarte € 12,50.*

Die Germanen

In der Zeit der Völkerwanderung siedeln germanische Stämme auch im Harzgebiet. Im Osten entsteht das Reich der Thüringer. 531 wird es durch die vereinigten Franken und Sachsen vernichtet. Unter Karl dem Großen entstehen christliche Zentren als Basis für den späteren Bau der Klöster in Drübeck, Ilsenburg und Michaelstein. Mit dem Fränkischen Reich beginnt das Wanderkaisertum. Erste Pfalzen werden in Quedlinburg, Werla, Tilleda und Goslar errichtet. Befestigte Orte entstehen, zum Teil durch Brandrodung, wie die noch heute vorkommenden Ortsnamen auf „-rode" belegen. Burgen werden in großer Zahl erbaut.

Von Kaisern und Macht: Quedlinburg

919 kommt der Ottone Heinrich I. an die Spitze der Macht des Ostfrankenreichs. Er erfährt seine Wahl zum König, als er sich auf Vogeljagd befindet. Mehrere Orte streiten um dieses Privileg, einer davon befindet sich in Quedlinburg beim „Finkenherd". In jedem Fall spielt Quedlinburg von da an eine bedeutende Rolle, denn der erste der Ottonen liebt die Stadt und hält sich gerne dort auf. Seine Frau Mathilde gründet nach Heinrichs Tod ein Damenstift auf dem Schlossberg. Ein wirtschaftlicher Aufschwung erfolgt mit der Entdeckung der Eisen- und Silbererze.

Heinrichs Nachfolger, Otto I., erklärt Quedlinburg als Ort der Memoria, des Totengedenkens, für seine Familie. Sein Sohn Otto II. besteigt 973 den Thron. Er heiratet die byzantinische Prinzessin Theophanu, die nach dem Tod ihres Mannes zunächst die Herrschaft anstelle des erst 3-jährigen Otto III. übernimmt. 996 wird Otto III. schließlich zum Kaiser gekrönt, verstirbt aber schon 1002.

Die Salier: Goslar blüht auf

Noch einmal kommt mit Heinrich II. ein Sachse auf den Thron. Der aber bevorzugt Goslar und erbaut dort eine Pfalz. Goslars neue Machtstellung wird mit der Herrschaft der Salier weiter besiegelt. Heinrich III. erklärt die Goslarer Pfalz zu einem seiner Lieblingsorte und verfügt schließlich, dass hier sein Herz begraben wird. Seit 1056 ruht es in der Ulrichskapelle. Bei seinem Tod ist sein Sohn Heinrich IV. erst sechs Jahre alt. Aus dieser schwachen Position kann er sich nie befreien und steht in ständigem Konflikt mit den aufständischen Sachsen. 1073 zwingen sie ihn gar, von der Harzburg zu fliehen. Bekannt ist Heinrich IV. durch seinen Gang nach Canossa, bei dem er Papst Gregor VII. um die Lösung des Kirchenbanns bat, der über ihn im Investiturstreit verhängt worden war.

Erst mit dem Staufer Friedrich I. Barbarossa kehrt wieder ein Kaiser im Harz ein. Er verweilt in Tilleda, Quedlinburg oder Gernrode. Im Konflikt mit dem Welfen Heinrich dem Löwen behält er

Schön, aber eher unbequem: der steinerne Thron der deutschen Kaiser in Goslar

die Oberhand und teilt dessen Herrschaftsgebiet auf. Damit beginnt eine territoriale Zerstückelung. Die im Laufe der Zeit entstandenen Grafschaften befehden sich, manche Geschlechter sterben aus, die Machtverhältnisse wechseln hin und her. Die Städte wachsen, Klöster und Kirchen werden erbaut. Zwar stirbt eine große Anzahl an Menschen durch die Pest, doch der Aufschwung durch den Bergbau ist nicht aufzuhalten. Im 15. Jahrhundert entstehen Zünfte und Gilden, in mehreren Städten werden Rolandstatuen als Zeichen für die Stadtrechte aufgestellt, z. B. in Halberstadt, in Quedlinburg und Nordhausen. Sieben Städte im Oberharz erhalten die Bergfreiheit und somit besondere Privilegien. Bergleute werden aus dem Erzgebirge angeworben und bringen nicht nur ihren Dialekt mit, sondern beeinflussen auch die Kultur im Harz.

Spuren aus der Steinzeit

Benzingerode ist ein Dorf östlich von Wernigerode. Beim Bau der neuen Bundesstraße B6n fand man hier 2002 eine Totenhütte aus der Jungsteinzeit. Etwa 40 Menschen waren hier bestattet worden, außerdem fand man Schmuck, Perlen, Kämme und Tongefäße. Die Menschen gehörten der Bernburger Kultur an, einer Untergruppe der Trichterbecherkultur. Nordöstlich des Ortes stehen drei Menhire, die über einen Rundweg zugänglich sind. Aussicht bietet der renovierte Austbergturm.

Reformation, Bauernkrieg und Dreißigjähriger Krieg

Zwei bedeutende Ereignisse in der deutschen Geschichte schlagen sich auch im Harz nieder. So predigt Martin Luther am 21. April 1525 in Stolberg gegen die Auslegung seiner Lehre durch den berühmten Sohn der Stadt Thomas Müntzer. Müntzer führt nur wenige Wochen später die aufständischen Bauern bei Bad Frankenhausen in die Schlacht. Nach der Niederlange wird er gefangen genommen und hingerichtet. Die Reformation breitet sich im gesamten Harz aus. Das Kloster Walkenried wird von den Bauern zerstört, 1546 nehmen hier die letzten Mönche den lutherischen Glauben an. Auch in Michaelstein, Ilfeld und Ilsenburg setzt sich der Protestantismus durch. Die konfessionellen Gegensätze münden mit dem Dreißigjährigen Krieg in katastrophale Zerstörungen, in denen die halbe Harzbevölkerung ihr Leben lässt. Gegen die Willkür der Söldner setzt sich eine Truppe von Männern ein, die sich die „Harzschützen" nennen. Mit dem Westfälischen Frieden 1648 wird das Gebiet neu verteilt. Das Bistum Halberstadt, die Grafschaft Regenstein und ein Teil des Hohnsteins gehen an Brandenburg.

In die Neuzeit

Mit der Entstehung des Königreichs Preußen erhält auch der Harz seine Zugehörigkeit zu dem Feudalstaat. 1803 wird er mit Napoleons Sieg dem Königreich Westfalen zugeteilt, bis er 1815 mit dem Wiener Kongress erneut an Preußen fällt. Im Zweiten Weltkrieg zerstören die alliierten Luftangriffe große Teile von Halberstadt und Nordhausen. 40 Jahre lang bleibt der Harz anschließend geteilt.

Sport

Fahrradfahren

Ein Familienausflug auf zwei Rädern kann im Harz besonders spannend sein. Schöne Wege lassen sich z. B. auf dem Harzrundweg finden, sein Kennzeichen ist die radelnde Hexe. An den gleichnamigen Flüssen entlang führen der Ilse-Radwanderweg von Ilsenburg nach Osterwieck und der Holtemme-Radweg von Wernigerode nach Halberstadt. Nur leichte Steigungen verzeichnen die Radwege rund um die Granetalsperre oder von Lautenthal nach Wildemann. Ältere Kids machen vielleicht eine anspruchsvollere Mountainbike-Tour mit. Unter www.volksbank-arena-harz.de sind viele Routen verzeichnet. Anlagen für Mountainbiker gibt es in Schulenberg (www.alpinum-schulenberg.de), in Hahnenklee (www.bike-park-hahnenklee.de), Braunlage (www.wurmberg-seilbahn.de) und Thale (www.seilbahnen-thale.de).

Inlineskating

Auf Inlineskates lassen sich sowohl der Innerstestausee (8 km) als auch der Okerstausee (12 km) umrunden. Gut geeignet für eine längere Fahrt ist auch der Radweg von Langelsheim über Lautenthal nach Wildemann. Kinder und Jugendliche, die lieber heiße Sprünge wagen wollen, sollten sich zur Inlineskating-Bahn am Sportstadion in Braunlage begeben (Von-Langen-Straße).

Klettern

In mehreren Hochseilgärten geht es im Harz hoch hinaus. In St. Andreasberg bietet **Bergsport-Arena** den Spaß an (siehe Kasten S. 56), in Bad Harzburg **Skyrope** (siehe Kasten S. 45). In Thale schnuppert man im **Kletterwald** Höhenluft (siehe Kasten S. 74). Auch in Ilsenburg und Blankenburg wurden Hochseilgärten eröffnet. Erprobte Kletterer finden im gesamten Harz Felsen zum Erobern. Zu ihnen gehören der Ottofelsen bei Wernigerode, die Gegensteine bei Ballenstedt oder das Okertal. Kletterkurse bietet der Deutsche Alpenverein im Basislager Brocken an. Dabei kann an Granitfelsen geklettert, oder der Niedrigseilgarten an der **Schierker Baude** genutzt werden [Barenberg 18, 38879 Schierke, Tel. 039455-86 30, schierkerbaude@freenet.de, www.schierkerbaude.de].

Nur Fliegen ist schöner

Träumen Sie davon, in die Luft aufzusteigen? Dann hat die ***Harzer Gleitschirmschule*** *vielleicht das richtige Angebot für Sie. Bei einem Tandemflug mit dem Paraglider benötigen Sie nicht einmal Vorkenntnisse. Auch Kinder (ab 6 J.) dürfen mitfliegen. Das Fluggelände befindet sich bei Stapelburg. Amsbergstr. 10, 38667* ***Bad Harzburg****, Tel. 05322-14 15, info@paracenter.com, www.harzergss.de. Ein Tandemflug kostet € 40, für Kinder und Jugendliche gibt es Ermäßigungen.*

Rodeln

Eine Rodelbahn besitzt wohl fast jeder Ort im Harz. Eine der längsten ist in Bad Harzburg zu finden. Drei Kilometer lang ist die Abfahrt vom Molkenhaus. Allerdings muss man erst mal nach oben kommen! Wer lieber kürzer fährt, kann auch am Großparkplatz so weit hinaufgehen, wie er mag. Beliebt zum Schlittenfahren ist in Bad Harzburg auch der Golfplatz. Leichter bergauf kommt man in Braunlage, wo sich die einen Kilometer lange Bahn auch nicht lumpen lässt. Den Wurmberg darf man mitsamt Schlitten in der Gondel hinauffahren. Ab der Mittelstation geht es dann vom Rodelhaus aus flott bergab! Wer in Torfhaus rodeln geht, kann sich mit dem einzigen Rodellift im Harz wieder bergauf ziehen lassen. Auch der Schlitten kommt mit. In St. Andreasberg wird im Teichtal gerodelt. Dort befindet sich auch eine Snowtubing-Anlage, auf der es bei entsprechender Witterung auf großen Reifen bergab geht. In Bad Sachsa verläuft die Rodelbahn parallel zur Ravensbergstraße.

Schlittschuhlaufen

In Braunlage (siehe S. 54) und Bad Sachsa (siehe Kasten S. 96) gibt es **Eislaufhallen**, in denen die Kufen geschwungen werden dürfen. Wenn es kalt genug ist und die Teiche tief genug zugefroren und freigegeben sind, kann man natürlich auch an der frischen Luft auf dem Eis laufen. Schierke besitzt im Tal der Kalten Bode ein Eisstadion, das im Winter für den Spaß auf Schlittschuhen präpariert wird. Zum Aufwärmen geht es auf eine heiße Schokolade in die Schirmbar.

Wenn Schnee liegt, wird der Harz zum wahren Rodelparadies

Stempeln gehen

Im Harz kann jeder Kaiser werden! Dafür muss man aber genug Puste haben und ordentlich wandern! Im gesamten Harz gibt es 222 Stempelstellen. Mit dem dazugehörigen Heft, das in allen Tourist-Informationen erhältlich ist, geht's los auf Sammeltour. Wer acht Stempel hat, erhält die Harzer Wandernadel in Bronze, 16 bedeuten Silber, 24 Gold. Mit 50 wird man zum Harzer Wanderkönig. Kinder bis 11 J. bekommen schon ab 11 Stempeln Prinzen- oder Prinzessinnen-Status. Wer alle Stempel hat, ist Kaiser! Infos unter www.harzerwandernadel.de.

Skifahren

Als einziges norddeutsches Mittelgebirge ist der Harz Einzugsgebiet für Wintersportler aus einem weiten Umkreis. Die wichtigsten Gebiete für Abfahrtsski sind St. Andreasberg (Matthias-Schmidt-Berg, Sonnenberg), Braunlage (Wurmberg), Hahnenklee (Bocksberg), Schulenberg (Ski-Alpinum am Großen Wiesenberg) und Bad Sachsa (Ravensberg). **Kinderskikurse** bietet Dirk Pläschke in St. Andreasberg an [Skischule Pläschke, Dr.-Willi-Bergmann-Str. 10, 37444 St. Andreasberg, Tel. 05582-260, info@skischule-harz.de, www.skischule-harz.de]. In Braunlage wurde von der Skischule in der Blockhütte ein eigener Kinderparcours eingerichtet, in dem Kinder ab 5 Jahren ihren ersten Schneepflug lernen, ehe es zum Lift geht [Kinder-Skischule an der Skiwiese, Herzog-Johann-Albrecht-Straße, 38700 Braunlage, Tel. 05520-92 33 36 (nur in der Saison), www.skilifte-braunlage.de]. Langläufer finden eine Vielzahl an gespurten Loipen, sobald ausreichend Schnee liegt. In Braunlage geht es z. B. auf der Wurmberg-Loipe rund um den Berg, in St. Andreasberg führt die Beerberg-Loipe Skiwanderer durch den Wald.

Wandern

Neben dem Wintersport verbindet man wohl als Erstes das Wandern mit dem Harz. Dass das nicht langweilig sein muss, können auch Kinder erfahren. Kürzere Strecken, ausreichend Proviant, genügend Pausen und verlockende Ziele tragen dazu bei, die Familienwanderung zum Erfolg werden zu lassen. Auch mit der Aussicht auf die nächste Stempelstelle lässt sich so mancher kleine Wanderer noch aus der Reserve locken (siehe Kasten). Die Wanderwege im Harz sind überwiegend gut ausgeschildert und gekennzeichnet. Mehrere harzübergreifende Wege gehören dazu. Der **Harzer-Hexen-Stieg** führt quer über den Harz von Osterode im Westen über den Brocken nach Thale im Osten (www.hexenstieg.de). Im Südharz verläuft der **Karstwanderweg** zwischen Osterode und Uftrungen und weiter über Sangerhausen bis nach Bad Frankenhausen. Der **Selketalstieg** verläuft durch das idyllische Selketal. Er beginnt in Stiege und führt über die Burg Falkenstein bis nach Quedlinburg (www.selketalinfo.de). Von Nord nach Süd quert der **Kaiserweg** den Harz von Bad Harzburg bis Walkenried und wendet sich dann nach Osten bis zur alten Königspfalz Tilleda.

Verlag: COMPANIONS GmbH,
Bei den Mühren 1, 20457 Hamburg,
Tel. 040-306 04-600,
Fax 040-306 04-690,
E-Mail: info@companions.de,
Internet: www.companions.de

Autorin: Kirsten Wagner

Lektorat/Schlussredaktion:
Natalie Brewer

Schlusskorrektur: Nadia Al Kureischi
Titelgestaltung und Layout:
Cornelia Prott

Druck und Bindung:
DZA Druckerei zu Altenburg GmbH

Bildnachweis:
alle Bilder von Kirsten Wagner, außer:
Harzer Tourismusverband S. 2, 17, 34, 37, 38, 57, 72, 73, 80, 90, 104, 114, 116, 117, 119, 124, Alexandr Tkachuk/iStockphoto.com S. 6, Meinhard-Siegmundt/pixelio.de: S. 10, Chris Wohlfeld S. 12, 73, 76, 77, Teamarbeit/Fotolia.com S. 15, Renata Lauermann/Fotolia.com S. 20, PhotoDisc: S. 21, 32, Okerteich Altenau S. 22, 23, Waldfreibad Hohegeiß S. 25, NSfotogyrl/Fotolia.com S. 26, Sergey A. Pristyazhnyuk/Fotolia.com S. 27, Jacek Chabraszewski/Fotolia.com S. 29, Luisenbad S. 30, Freibad Rübeland S. 31, Goodshoot S. 32, Nicolette Wollentin/Fotolia.com S. 35, GOSLAR marketing gmbh S. 39, Alexander Demandt/Fotolia.com S. 44, Buntschatten/pixelio.de S. 46, Stadtmarketing Bad Harzburg S. 47, 48, Fremdenverkehrsverein Bergstadt Lautenthal S. 49, 52, Seilbahn-Café Gipfelstürmer S. 55, Klaus Rose/Fotolia.com S. 60, Halberstädter Dom S. 62, Jörg Hörseljau S. 78, H. Henkel/pixelio.de S. 83, Michael Berger/pixelio.de 84, Löwenzahn-Entdeckerpfad S. 5, 94, HöhlenErlebnisZentrum Iberger Tropfsteinhöhle S. 86, Krodoland Bad Harzburg S. 87, Rübelander Tropfsteinhöhlen S. 88, Pullman City S. 89, Aqua-Land Osterode S. 91, Zisterzienser-Museum Kloster Walkenried S. 92, SeaLand Halberstadt S. 93, Harzfalkenhof Bad Sachsa S. 96, Mausefallen- und Kuriositätenmuseum S. 98, Catalin Petolea/Fotolia.com S. 99, Rubberball S. 101, Didio1/pixelio.de S. 106, Gerard Gastaldy Andria/Fotolia.com S. 107, Bananastock: S. 109, imagestate S. 111, Torsten Lorenz/Fotolia.com S. 113, Templermeister/pixelio.de S. 121

Titelfoto: blend images

Karte: Kartographiebüro Jochen Fischer

ISBN: 978-3-89740-722-0